# PAURA DI CADERE MA VOGLIA DI VOLARE

Comprendere e trasformare la paura di volare,
in aereo e nella vita.

*A Claudia,*
*mia insostituibile compagna*
*di un viaggio rivoluzionario.*

# INDICE

# Prefazione

Un viaggio, il sapore di un ricordo, il rumore di un'immagine.. è facile lasciarsi attraversare dalle parole di questo testo, che esordisce con vivide fotografie di vita, emozionanti aneddoti che sanno di un prendersi cura di…

In questo viaggio, Nicola ci accompagna tra i pendii vertiginosi dell'esperienza umana di fronte alla paura e tra le dolci colline del desiderio e dell'amore, prima di tutto verso sé stessi.

Un assaggio di comprensione profonda, che si fa spazio tra le parole scritte ed immaginate del vivere la vita attraversando i temporali, ma anche i girasoli.

Nel volo c'è una meravigliosa metafora che ognuno può fare immediatamente sua, sin dal principio; così come nella paura e nel desiderio, che sono le due chiavi di questo scritto.

Come le rondini, dopo aver fatto magistralmente il nido in tempi maturi lasciano affamati i piccoli, fiduciose che soltanto così potranno prendere il volo e planare verso la loro vita, anche noi abbiamo bisogno di sentire quel desiderio che ci fa vibrar le ali e quella fiducia che ce la possiamo fare. È la fame di scoperta che ci spinge a planare per andare alla ricerca di noi. Forse anche quelle giovani rondini per qualche istante sentono quella paura di cadere, ma vengono spinte dal desiderio di volare.

Nella fascinazione malinconica di questo libro trovo la piacevolezza della scoperta di ciò che accade, dentro e fuori, nel cielo e tra le nuvole, tra la cabina di pilotaggio e la *cloche* di comando; ed è proprio lì, tra le turbolenze dell'esistenza, che l'aereo può planare leggero, concedendoci una pausa, qualche respiro e un ritorno a casa…quella che possiamo abitare dentro di noi.

Questo libro è, a mio avviso, un'esperienza di volo sentita e immaginata, vissuta con la testa tra le nuvole e i piedi radicati a terra. È un invito ad imbarcarsi, a prendere il volo nonostante tutto. È un ode a quella vita che sa farsi spazio in condizioni di avversità, come quei papaveri che crescono ai lati delle strade, o delle piste di decollo, spettinati dai motori nella fase di partenza.

Questo è un libro che educa alla capacità immaginativa, un viaggio alla ricerca del proprio orizzonte di verità, un'emozionante scoperta di come l'amore più grande lo si concede spesso solo a chi (o a cosa) si riesce a lasciare andare, libero. Così come accade per quelle rondini nell'esperienza che le muove verso le prove di volo e alle loro mamme che le osservano da lontano, incoraggiandole a provare.

Questo è un libro di avventura, quella dimensione in cui il coraggio incontra la paura, non intendendo dire che vince su di essa, ma che si mischia creando una magica spinta propulsiva.

Ed in questa propulsione possiamo scegliere di imbarcarci e di volare con desiderio, planando sulla paura, verso rotte non conosciute.


*Claudia*

# Introduzione

Nel trovarmi a introdurre questo testo mi viene naturale iniziare dal dire cosa non è:

- non è uno di quei classici libri per vincere la fobia del volo in cui troverete moltissime spiegazioni tecniche rispetto al funzionamento dell'aereo.

- Non è uno di quei testi sulla paura di volare che vi spiega nel dettaglio tutte le categorie e sottocategorie cliniche della fenomenologia ansiosa collegata al volo.

- Non è un libro di autoaiuto che vi dice come superare la vostra paura e vi chiede di fare molti esercizi o di compilare schede varie nel corso della lettura.

- Non è un romanzo che parla della vita riferendosi in chiave metaforica all'esperienza del volo e nemmeno un romanzo sul volo che parla metaforicamente della vita.

- Non è la mia autobiografia che vi racconta come ho fatto a superare la mia paura di volare in senso simbolico nella mia vita e nemmeno un racconto autobiografico che vi spiega come ho fatto a vincere la mia paura di prendere l'aereo.

E quindi, cos'è?

In realtà è un po' di tutte queste cose messe insieme. Anche qui come in tanti altri contesti mi accorgo di preferire le sfumature ai colori netti, le contaminazioni e le integrazioni rispetto agli elementi presi in purezza; il partire dal basso verso l'alto e non viceversa, cioè, il partire non da un pensiero o da uno schema predefinito, ma dalla dimensione del "sentire", lasciando che la struttura prenda poi forma da sé in modo naturale nel dispiegarsi spontaneo del processo creativo. Tutto questo con le sue potenzialità e naturalmente anche con i suoi limiti.


Se arrivati fin qui avete deciso di imbarcarvi…


…non mi resta che augurarvi buon viaggio….....

# L'ORIGINE DELLA FASCINAZIONE

*Dona a chi ami:*
*ali per volare, radici per tornare e motivi per rimanere.*
*(Dalai Lama)*

## Al ritorno ci fermiamo a vedere gli aerei

È stato proprio durante la stesura di questo libro che si sono affacciati alla mia mente dei ricordi lontani rimasti assopiti per molto tempo, e ho realizzato che il fascino che gli aerei hanno sempre avuto su di me ha probabilmente anche una remota origine famigliare. Ricordo infatti quando mio padre mi raccontava che al ritorno da Verona si fermava all'aeroporto di Sommacampagna; lì era possibile aver accesso ad una terrazza che dava direttamente sulla pista e ammirare i giganti del cielo andare e venire. Quando ne parlava i suoi occhi e la sua voce erano ricolmi di stupore ed entusiasmo e i racconti di quelle volte in cui aveva potuto assistere a quello spettacolo erano sempre molto vivi; mi arrivava tutto il suo essere stupefatto e attratto da quel mondo…da qualcosa che sentiva così affascinante e al contempo così lontano da sé.

Ricordo che mi raccontava anche di quando si fermava in auto davanti alla rete che delineava il confine dell'aeroporto militare di Ghedi, che si trovava vicino a dove lui lavorava. Lì, a volte, capitava che si trattenesse per una pausa pranzo in macchina nella speranza di poter assistere nel frattempo ad un decollo o ad un atterraggio dei caccia militari. Qualche volta gli era andata bene, i suoi racconti in questo caso erano ancora più intensi perché quegli aerei gli passavano a pochi metri dalla testa e il rombo dei motori era spaventosamente forte, in grado addirittura di assordargli le orecchie e di far tremare la sua auto; non dimentico anche quel mix di attrazione e paura che provavo nell'immaginare quella scena così intensa.

E così, ogni tanto, capitava che durante il ritorno da Verona o dopo che avevamo passato una giornata insieme mi dicesse:

*"Al ritorno ci fermiamo a vedere gli aerei."*

Quella proposta aveva un non so che di magico, misterioso e affascinante…

Qualche volta ci siamo fermati alla terrazza panoramica, e altre volte anche alla rete dell'aeroporto militare di Ghedi, ma non sono mai stato così fortunato da assistere ad uno spettacolo tanto speciale come quello che trapelava da alcuni dei suoi racconti. Infatti, quelle rare volte che siamo riusciti a vedere insieme i caccia, erano sempre parecchio lontani da noi, tant'è che spesso mi diceva qualcosa del tipo: "hai visto che bello? Incredibile…pensa che la volta scorsa è addirittura successo che…"

E se qualcosa era accaduto in presenza di qualcun altro, magari di mio cugino o della sua compagna, provavo nei loro confronti una segreta invidia e gelosia.

Era evidente che gli aerei erano guardati da mio padre non solo come mezzi di trasporto capaci di trasportare velocemente le persone dal punto A al punto B, ma come oggetti misteriosi, apparentemente in grado di sfidare le leggi della fisica e di esercitare contemporaneamente su di lui sia fascinazione che paura; oggetti alieni capaci di attrarre magneticamente, ma allo stesso tempo anche di intimorire.

Lo sguardo col quale lui guardava gli aerei è divenuto poi in buona parte quello con cui io stesso ho iniziato a guardarli, probabilmente questo è qualcosa che nemmeno si immagina, basti pensare che io stesso lo sto realizzando proprio ora mentre scrivo.

Forse è anche per questo che ultimamente ci sto prendendo gusto a scrivere, perché mi obbliga in un certo senso involontariamente e senza sforzo a cercare dentro, a guardare all'interno, e così capita che certe cose si mostrino, si palesino, si disvelino in modo del tutto naturale, e devo dire che questo mi piace davvero molto. Tornando a mio padre e all'origine della fascinazione: se faccio un ulteriore salto generazionale all'indietro e magari mi chiedo come mai fosse così il suo sguardo verso gli aerei, così intenso ed intrinsecamente ambivalente, mi accorgo anche di un'altra cosa: del fatto che mio nonno fosse stato un pilota di idrovolanti durante la seconda guerra mondiale. Ma non è tanto qui il punto, il punto è che mio nonno, nonostante fosse appunto un pilota di idrovolanti, non sapeva nuotare.

A pensarci oggi, mi sembra davvero qualcosa di assurdo…come a dire che per lui, una volta lasciato il suolo, crollava praticamente ogni sicurezza, e l'unico elemento dove stava al sicuro, la terra, era di fatto perduto. Quando mio nonno decollava si ritrovava sospeso tra l'aria e l'acqua e quindi anche tra la possibilità di precipitare nel vuoto vertiginoso e quella di sprofondare nell'abisso delle acque. Il tutto con l'aggiunta del rischio, tutt'altro che remoto, di essere colpito dal fuoco dei nemici.

Accidenti, deve aver avuto un gran coraggio mio nonno! Un coraggio di cui non mi sono mai potuto accorgere perché quando l'ho conosciuto era già malato e passava ormai le sue intere giornate sulla poltrona o facendo il giro della casa a piedi mentre fumava una sigaretta di nascosto da mia nonna, oppure, tuttalpiù trascorrendo qualche ora di quei pomeriggi pigri, che sembravano non passare mai, stando al bar a giocare a carte.

Adesso forse capisco il perché di quel modellino di aeroplano in argento da sempre sulla sua scrivania dello studio della casa dei miei nonni…quel modellino, che ora si trova nella casa di mio padre, ha incredibilmente resistito a tutto durante questi anni, dal bombardamento che ha fatto crollare metà casa, alle varie torture che io e mio cugino gli abbiamo inflitto da bambini durante i nostri giochi con i soldatini e compagnia bella (non so cosa fosse peggio). Ora quel modellino lo vedo come un simbolo, una sorta di testimonianza del grande coraggio di mio nonno, che purtroppo è stato così abilmente celato dal velo a maglie fitte della malattia che lo aveva colpito.

La cosa buffa e che mi fa sorridere è il fatto che in tutto questo mio nonno non abbia mai imparato a nuotare e mio padre, oltre a questo, non abbia mai preso un aereo, per ora...

# Mamma ho preso l'aereo

Ricordo perfettamente il mio primo volo: era il 1992 e stavo andando a Londra con mia mamma, il suo compagno, mio fratello, mia zia e mia cugina.

Ero emozionatissimo.

Ho un ricordo bellissimo dell'ondata emotiva che ho provato: il cuore mi batteva a mille nel petto, il respiro era veloce e superficiale e il mio corpo era cosparso da un fremito che lo faceva vibrare come un diapason appena percosso. Il ricordo bellissimo è dato non solo dalla situazione in sé, ma anche dal pensare a come ci stavo in tutta quell'ondata emotiva così potente. Non ne ero affatto spaventato, se mi fosse capitato 15 anni più tardi magari sarebbe sfociato in un attacco di panico e invece lì no, in quella circostanza mi ero lasciato attraversare dal quel fortissimo mix emotivo che stavo provando e devo dire che fu splendido.

In effetti accade un po' così se ci pensiamo: gli attacchi di panico non si verificano per quello che sentiamo, ma solo quando siamo spaventati da quello che sentiamo, quando lo interpretiamo come un segnale di pericolo e lo vogliamo controllare. Ma su questo ci torneremo più avanti…

Quell'ondata emotiva così potente ha poi lasciato spazio allo stupore e alla gioia, guardavo fuori dal finestrino come incredulo. La cosa che più mi aveva incantato era proprio il fatto di essere in cielo, il poter far parte di quell'azzurro etereo che mi affascinava così tanto a guardarlo dalla terra, ma che da giù sembrava così lontano e irraggiungibile. Anche il passare dentro alle nuvole era qualcosa di fantastico…attraversarle e vederle dall'alto, da una prospettiva nuova che fino a prima di allora avevo visto solo nei film o nei cartoni animati mi faceva venire in mente diverse scene cinematografiche nelle quali i personaggi si riposavano o giocano proprio sulle nuvole, che apparivano sempre così morbide e fiabesche. Insomma, avevo l'impressione di trovarmi in una dimensione altra e di fatto era così: un limbo in grado di coniugare il mondo della fantasia con quello della realtà. Le aree di confine sono sempre state le mie preferite, è lì che si trova la zona del gioco e quella della creatività, queste terre di mezzo rappresentano per eccellenza il luogo dell'arte in tutte le sue forme, sono quel "dove" in cui ogni cosa può divenire possibile.

Non bastasse il cielo, c'era poi anche un'ulteriore aspetto che rendeva quel viaggio ancora più affascinante: in quei giorni a Londra si sarebbe tenuto il Freddie Mercury Tribute Concert, precisamente il 20 aprile, ed io ero già un fan sfegatato dei Queen. Il fatto di poter essere lì nella loro terra, nei luoghi dove avevano vissuto e suonato e nei quali aveva preso forma la band stessa era qualcosa di indescrivibile per me piccolo preadolescente; pensate che avevo appena iniziato a suonare la chitarra elettrica proprio perché travolto dalla passione per loro e per la loro musica. Una passione sfrenata, avevo di tutto: magliette, felpe, anelli (!?), musicassette, videocassette, cd, adesivi, poster, bandiere, polsini, etc…

Ricordo bene quella sera del 20 aprile 1992: dalla hall dell'albergo era possibile sentire l'eco del concerto, avrei tanto voluto andarci, ma non era possibile. In ogni caso, nonostante l'essere lì ma non poterci andare fosse un po' una sofferenza, anche il solo sentire quei suoni e quelle vibrazioni provenire da Wembley e arrivare fino alle mie orecchie era comunque già davvero molto e ancora oggi lo conservo preziosamente nella memoria.

Quindi (perdonate le volute ripetizioni): la prima volta che ho preso l'aereo sono stato trasportato attraverso una dimensione da *sogno* (quella del cielo) in una città da *sogno* (Londra) e avevo avuto modo di immergermi nei luoghi della mia band da *sogno* (i Queen).

Posso tranquillamente dire che fin dall'inizio l'aereo è stato vissuto da me come mezzo da (e del) sogno per raggiungere e realizzare i propri sogni; una sorta di ponte tra fantasia e realtà, tra desiderio e realtà. Questo è stato il mio imprinting con l'esperienza del volo.

Ah, tornando a quei giorni a Londra: poco dopo essere arrivato, proprio appena dopo il mio battesimo del volo, ho saputo telefonicamente da mio padre che mio nonno, il pilota di idrovolanti di cui parlavo prima, era morto. Ad oggi mi chiedo se questo significhi qualcosa…

# Mamma ho perso l'aereo

Se potevate avere qualche dubbio rispetto al fatto che il titolo del precedente paragrafo strizzasse l'occhio ironicamente al cult movie natalizio "Mamma ho perso l'aereo"[1], ora probabilmente non ne avrete più. Ed effettivamente è così per diversi motivi: un po' perché proprio negli anni in cui ho avuto la mia prima esperienza di volo avevo la stessa età del protagonista e un po' perché tra il 1992 e il 1995 ho effettivamente vissuto delle esperienze di viaggio che per molti aspetti ricordavano quelle della famiglia del piccolo protagonista. No, non mi hanno dimenticato a casa, se state pensando a questo, mi riferisco semplicemente al fatto che per quattro anni di fila ho viaggiato negli stati uniti assieme mio fratello, mia madre, il suo compagno e diversi suoi parenti. Quindi, tra zii, cugini acquisiti e chi più ne ha più ne metta, siamo arrivati ad essere a volte anche fino a più di venti persone, nelle nostre scorribande americane. Proprio una bella ciurma assortita, pressappoco come quella della pellicola natalizia di inizio anni 90.

Questi viaggi erano molto *on the road:* atterrati in una grande città americana affittavamo subito le auto, di quelle che ai tempi si vedevano solo al cinema, a volte anche dei mini van in pieno stile U.S.A e dopo esserci muniti di walkie talkie (i cellulari non erano ancora diffusi) iniziavamo a macinare miglia su miglia di asfalto,

---

[1] Mamma ho perso l'aereo, diretto da Chris Columbus 1990.

fermandoci di tanto in tanto nei luoghi che più ci ispiravano. Per me era un sogno poter far parte di quegli scenari naturali e urbani che avevo sempre visto nei film: dalla natura sconfinata dei grandi parchi naturali, alla desolazione delle *ghost town* del *west,* fino ai grattacieli scintillanti e al caos paradossalmente poetico dell'affascinante e unica New York.

Solo raramente capitava che per fare grandi spostamenti prendessimo dei voli interni ed è stato così che una volta, quasi a replicare la fatidica e rocambolesca corsa all'aeroporto della famiglia Mc. Callister [2], è proprio accaduto che perdessimo l'aereo (tutti fortunatamente, non solo io). Incredibile, mi sembrava assurdo, ma devo ammettere che una parte di me era piuttosto divertita. Tra l'altro, la colpa era nostra, il resto del nostro gruppo era già arrivato in aeroporto puntuale, i ritardatari eravamo noi e loro ci avevano aspettato. Dopo aver passato al vaglio diverse possibilità, la scelta migliore sembrava essere quella di affittare un piccolo aereo taxi, un bimotore ad eliche che sarebbe bastato giusto giusto per noi. Mi sembrava avesse circa ventun posti e noi quell'anno eravamo in diciannove o giù di lì. Oltre alle arrabbiature e ai nervosismi vari per il disagio e per l'esborso economico non previsto, ricordo bene la preoccupazione di mia madre: non avrebbe mai voluto salire su quell'affare che rispetto ad un normale aereo di linea sembrava un trabiccolo insicuro e traballante. Devo

---

[2] La numerosa famiglia del film "Mamma ho perso l'aereo".

dire che il modo in cui lei lo percepiva era diventato un po'anche il modo in cui di conseguenza iniziavo a percepirlo anch'io.

## Questione di sguardi

Oserei dire che accade sempre così quando siamo piccoli, perché i genitori (o le figure di riferimento principali della nostra vita) rappresentano per noi il fondamento della verità sul mondo, la loro lettura della realtà diventa la nostra stessa lettura. Questo aspetto è talmente potente che non solo lo sguardo dei genitori sul mondo tende a diventare il nostro stesso sguardo sul mondo; ma anche lo sguardo che hanno verso di noi tende poi a finire per coincidere in buona parte con lo sguardo che noi stessi abbiamo nei nostri confronti.

Quindi, è molto importante che il modo in cui siamo visti dalle nostre figure di riferimento sia il più possibile realistico e privo di distorsioni (che spesso sono date da meccanismi proiettivi)[3]. È importante che quello sguardo rifletta fedelmente e accuratamente ciò che siamo davvero, nello stesso modo in cui farebbe uno specchio pulito, perché poi noi a quell'immagine riflessa finiamo per crederci ed è con quella percezione di noi stessi che ci muoviamo nella nostra vita, nelle relazioni e nel mondo.

---

[3] Meccanismi di difesa inconsci che per "risolvere" il conflitto interno alla persona proiettano le caratteristiche che la persona ritiene inaccettabili di sé su un oggetto/soggetto esterno.

Torniamo al piccolo aereo ad eliche: la cabina era talmente stretta e bassa che nel corridoio non si poteva stare in piedi e nemmeno in due uno di fianco all'altro e bisognava accucciarsi e passare uno alla volta per raggiungere il proprio posto. Eravamo tutti lì, chi quasi indifferente per il cambio inaspettato, chi contrariato per l'inconveniente e chi, invece, era divertito per l'imprevisto che rendeva il tutto come più avventuroso.

Io ero sicuramente uno di quest'ultimi, anche se un leggero velo di paura aleggiava in me di sottofondo, probabilmente anche per via della paura che avevo percepito in mia madre.

Ricordo ancora che la cabina di pilotaggio era "separata" dal resto dell'aereo solo da una tendina di stoffa, che tra l'altro i piloti non avevano nemmeno tirato, di conseguenza, cabina di pilotaggio e cabina passeggeri erano praticamente un tutt'uno. È stato emozionante vederli pilotare…soprattutto il momento in cui, tirando verso di loro le barre di comando, l'aereo ha iniziato a librarsi nell'aria. In quel momento, però, se n'era andato un po' perso parte di quel mistero che associavo al volo…poter assistere a tutto ciò a porte aperte, come a carte scoperte, era interessante, ma aveva in parte fatto calare la dimensione della mia fascinazione. Credo che spesso capiti così nella nostra vita, forse non dovremmo mai sapere troppo, tanto ok, ci può assolutamente stare, ma mai troppo…

<u>Tanto o troppo?</u>

Ma dove sta il confine tra tanto e troppo? Beh, bella domanda, peccato che io non abbia una risposta se non una che solitamente non dà una gran soddisfazione:

*Dipende.*

Credo che ognuno di noi possa scoprire dove sia la linea che demarca il proprio confine tra *tanto* e *troppo* solo se riesce ad ascoltarsi con attenzione e consapevolezza. Penso che questo sia valido per ogni area della nostra vita: dallo studio allo sport, dalle relazioni all'alimentazione, dal divertimento al lavoro, etc…finanche alla psicoterapia.

Vi faccio un banalissimo esempio di "troppo": anche se io sono principalmente un chitarrista, suono anche la batteria (da autodidatta) e qualche anno fa decisi di prendere delle lezioni per migliorare certi aspetti del mio suonare (che in realtà andava già bene così, maledetto perfezionismo!) quindi, buonissima parte di tutte quelle cose che prima facevo istintivamente vennero da lì in poi passate al vaglio della ragione e impostate secondo i sacri crismi dal maestro e del suo metodo didattico. Postura della seduta, posizione delle mani, altezza dei tamburi e in particolare l'altezza e l'inclinazione del rullante (il tamburo che ogni batterista ha appena di fronte a sé, all'altezza del bacino), tutte queste cose dovevano essere modificate.

Incredibilmente, dopo che ho saputo quale doveva essere l'esatta posizione del rullante, calcolata sulla base dell'altezza del mio seggiolino e della lunghezza delle mie gambe, non sono più riuscito a trovare quella *mia* personale altezza e quella *mia* personale inclinazione che prima, senza conoscerle, impostavo naturalmente e che conferivano al mio suono proprio quella naturalezza e quel tocco personale. Solo col tempo e molto lentamente ho iniziato a riappropriarmi gradualmente di quella implicita saggezza inconscia snaturata proprio dal fatto di sapere come stanno le cose e in questo caso anche da come avrebbero dovuto essere per essere corrette secondo dei parametri esterni.

Altro esempio velocissimo? Quando viene svelato un trucco di magia. Non so se vi è mai capitato, è una delle cose più deludenti che si possano vivere o per lo meno così è stato per me (rispetto a quest'ambito ho deciso che non ne voglio più sapere niente anche se ho un cugino mago!)

Tutto questo per dire che a volte certe cose è meglio non saperle sia per non togliere loro il fascino che le avvolge (come nel caso del trucco di magia svelato) sia per non correre il rischio di snaturarle (come nel caso dell'altezza del rullante). Ci sono delle cose che è meglio rimangano inconsce, non serve cercare di capire tutto o analizzare tutto (per poi magari cercare di sistemare tutto), anzi! e ve lo dice uno psicoterapeuta…

Comunque, tornando a noi, devo dire che tra il primo volo a Londra e i successivi vari voli anche intercontinentali che ho fatto nei quattro anni successivi, il mio rapporto con i viaggi in aereo è partito subito alla grande.

Basti pensare che il periodo tra gli undici e i quindici anni è stato per certi versi uno tra i più sereni di tutta la mia vita e proprio in quella finestra temporale il volo e i viaggi hanno rappresentato degli elementi costanti e determinanti.

I voli in aereo erano di volta in volta l'anticamera di un viaggio meraviglioso che stava per realizzarsi, o il ritorno a casa dopo aver fatto il pieno di vita e di ricordi fantastici da rivivere più e più volte ancora attraverso fotografie, filmati e aneddoti di ogni tipo. I lunghi voli erano poi delle occasioni davvero gioiose e giocose: ricordo di ore e ore passate a divertirmi con mio fratello e i miei cugini a guardare film, a giocare con il Game Boy, a fare filmati con la telecamera. Insomma, un vero e proprio spasso durato fino all'inizio dell'adolescenza.

Passata quella finestra temporale molte cose sono poi cambiate e dopo quel periodo non mi è più capitato di volare per un bel po' di anni, fatta eccezione che per un paio di voli brevi della durata di poco più di un'ora che ho fatto tre e quattro anni più tardi. In queste due circostanze iniziavo a sentire nascere in me un principio di paura di volare, ma nulla che potesse lontanamente rappresentare un blocco o che si potesse definire ansia per il volo, solo una leggera velatura che iniziava come ad oscurare lentamente lo splendore pieno che avevo sempre associato al volo.

La svolta in negativo rispetto alla paura è avvenuta qualche anno più tardi...

# L'ORIGINE DELLA PAURA

*"«Volare mi fa paura» stridette Fortunata alzandosi.*
*«Quando succederà, io sarò accanto a te»*
*miagolò Zorba leccandole la testa."*[4]

---

[4] Tratto da "La storia di una gabbianella e del gatto che le insegnò a volare" di Luis Sepulveda.

# Disaster movie o terribile realtà?

Immaginate di trovarvi in un posto che avete sempre sognato, in compagnia di un vostro carissimo amico, sul finire di un viaggio *on the road* a tutti gli effetti, senza alcuna prenotazione se non la prima notte, quella dell'arrivo a San Francisco, dopo di che, tutto improvvisato, tutto sulla base delle sensazioni del momento, nessuna programmazione e solo due punti fermi: la città di arrivo e la città di partenza. In mezzo, nient'altro che tanta libertà e un itinerario appena abbozzato nella mente e nel cuore. Aggiungete adesso una macchina scassata affittata alla bell'e meglio per pochi soldi in un autonoleggio rivelatosi poi abusivo, due *skateboard* nel baule, della buona musica *alternative* rock nell'autoradio, un budget ridotto ma sufficiente e quasi un mese per vivere il vostro sogno americano.

A pensarci adesso potrebbe sembrare l'inizio della trama di un film o di una serie tv americana, invece è la descrizione di quello che è stato il mio primo grande viaggio negli U.S.A. da adulto, senza genitori. Un' esperienza meravigliosa e a tutti gli effetti indimenticabile.

Ora, a questo quadro Hollywoodiano aggiungete che siete nei pressi di Hollywood (appunto), avete da pochi giorni compiuto 21 anni, è settembre e vi state godendo l'ultima parte di quest'avventura che avete tanto sognato. Una mattina vi alzate dal letto e vedete quello che in tutto e per tutto vi sembra un *disaster movie*, se non fosse per la grafica che incornicia il video che è senza ombra di dubbio quella del telegiornale.

Non riuscite a capire se quello che state vedendo è reale o meno e pensate qualcosa del tipo "no, aspetta, fammi capire…è un film o cosa?"

Ricordo esattamente quella mattina, quel momento e quello che ho provato. In particolare ricordo come mi sono sentito quando ho realizzato che quello che credevo essere un film era in realtà una diretta della CNN[5]. Nessun *disaster movie* quindi, ma solo una terribile realtà.

Ricordo anche che avevo provato a spegnere e a riaccendere la tv quasi come quando, increduli, di fronte a qualcosa che non ci sembra essere possibile, chiudiamo gli occhi strizzandoli più volte per poi riaprirli spalancati con l'intento di vederci meglio e con la speranza di verificare che ciò che avevamo visto poco prima, in realtà, non sia reale; quasi come a darsi un pizzicotto per destarsi da un incubo. Niente da fare, nessuna illusione, per quanto strizzassi gli occhi e accendessi e spegnessi la tv, quella era la realtà ed era terrificante.

Guardavo Manuel, mio compare in quest'avventura, quasi come se una parte di me stesse cercando in lui delle improbabili risposte a delle caotiche e informi domande che si agitavano confusamente in me. Ma anche lui era nella mia stessa situazione: incredulo, interdetto, confuso ancora prima che spaventato. D'un tratto un senso

---

[5] Grande emittente televisiva americana.

strisciante di derealizzazione[6] aleggiava sia nella squallida stanza del motel in cui ci trovavamo che dentro di noi.

Forse avete già capito di che mattina di settembre sto parlando: esattamente quella, si trattava proprio della mattina dell'11 settembre 2001, il giorno dell'attacco alle torri gemelle, o meglio, dell'attacco all'America, o meglio, dell'attacco all'occidente, o meglio:

*dell'attacco alla nostra percezione di sicurezza nel mondo.*

Quindi, immaginatevi di essere a diecimila chilometri da casa, solo voi e un vostro amico appena più che ventenni, ormai semi squattrinati, senza cellulare per chiamare casa e di conseguenza anche senza la possibilità di sapere come stanno i vostri cari, oltre a quella di far sapere loro come state voi. Il tutto, nel bel mezzo di una realtà catastrofica, angosciante e minacciosa come non mai.

Ansia, paura, angoscia, panico…perché la mente corre in queste circostanze e noi, in diretta, stavamo assistendo ai vari avvenimenti che accadevano in sequenza come in una sorta di effetto domino del terrore: dopo l'impatto sulla prima torre veniva a sua volta colpita la seconda, poi il crollo infernale dell'una, poi dell'altra, poi l'aereo lanciato contro il pentagono, poi, ancora, quello schiantato in Pennsylvania. Cosa avrebbe potuto accadere di altro? Non potevamo sapere se questo

---

[6] Si tratta di un sintomo dissociativo consistente nella sensazione di percepire in maniera distorta il mondo esterno che appare come irreale.

infernale effetto domino del terrore si sarebbe fermato lì o avrebbe potuto continuare, magari colpendo altre zone d'America o d'Italia, come anche in ogni altra parte del mondo.

Penso di non dire nulla di eccessivo affermando che l'11 settembre abbiamo vissuto un *trauma collettivo mondiale*.


<u>Non è più come prima</u>

Ogni trauma porta con sé il fatto di essere inaspettato. L'evento traumatico è sempre o quasi sempre addirittura inimmaginabile, di conseguenza, non c'è organizzazione difensiva che tenga e che possa attutirne il colpo.

Ogni trauma segna inesorabilmente un *prima* e un *dopo*, uno spartiacque che divide così la nostra dimensione spaziotemporale. Ogni cosa da lì in poi non può più essere come prima. Penso che lo abbiamo visto bene, lo abbiamo toccato con mano che *non è più come prima*. Una delle difese principali al trauma, che si attiva proprio in risposta alla rottura violenta che il trauma impone al corso della nostra esistenza, è la dissociazione.

Credo che quel senso strisciante di derealizzazione (che è una forma di difesa dissociativa) che aleggiava quella mattina in me, in Manuel e nella nostra stanza, fosse in realtà qualcosa di molto più ampio che arrivava ad includere in qualche modo tutti noi.

Col trauma del crollo delle torri gemelle era infatti corollata a livello globale anche *la nostra percezione di essere al sicuro*.

***

Solo diverse ore dopo, io e Manuel siamo riusciti a telefonare a casa attraverso delle schede prepagate da utilizzare nelle vecchie cabine telefoniche; operazione tutt'altro che semplice perché spesso cadeva la linea, oppure c'erano problemi tecnici con l'operatore telefonico.

Immaginavamo che le nostre famiglie fossero parecchio in ansia, anche perché New York era una delle possibili tappe all'interno della nostra girandola americana e solo una settimana prima avevamo deciso poi di non andarci. Quindi, per chi era a casa noi avremmo anche potuto essere là. In realtà, fortunatamente, eravamo dal lato opposto degli stati uniti, in California.

Ricordo benissimo il momento della telefonata: era una di quelle giornate di fine estate un po' grigie, con già un assaggio del freddo dell'imminente autunno che a tratti si faceva sentire sulla pelle. Eravamo in una specie di *diner*[7] sulla costa ovest di fronte al mare, c'era il vento, sopra alle nostre teste e anche nel parcheggio di fronte al ristorante giravano tanti corvi (grandi quanto dei cani di taglia medio piccola!) mentre nel frattempo, sulla spiaggia, dei surfisti sfidavano le onde e il freddo dell'oceano cercando di stare il più possibile in equilibrio sulle loro tavole. Percepivo il contrasto dissonante che c'era tra il tempo immobile e silenzioso del parcheggio in cemento, preso d'assalto dai corvi affamati, e il

---

[7] Una tipologia di ristorante diffusa principalmente negli Stati Uniti d'America nord-orientali, nel Midwest e in misura minore in altre parti degli stati uniti.

movimento e il suono del mare mosso, ravvivato ulteriormente dalla presenza di chi nonostante tutto era lì a giocare con le onde. E io, e noi, eravamo lì in mezzo, sospesi tra questi due scenari, cercando anche noi a nostro modo di stare in equilibrio tra le onde di quello che stavamo provando.

Il contatto telefonico con casa, utilizzo volutamente il termine "contatto" e il termine "casa", è stato un vero e proprio con-tatto; nel senso che ha avuto delle caratteristiche come tattili, quelle di un tocco che conforta e rincuora reciprocamente. Ha rappresentato per me, ma credo anche per Manuel, un vero e proprio ricongiungimento con la nostra base sicura, che sentivamo come sperato e necessario.

A volte abbiamo particolarmente bisogno di sentire che gli altri si preoccupano di noi, anche questo è qualcosa che contribuisce al sentirci amati ed è un peccato che spesso ciò sia percepibile solo in circostanze straordinarie come questa, solo quando si fanno i conti con una realtà che ci segnala che quella persona potrebbe essere andata perduta per sempre. Quell'evenienza aveva anche fatto sì certe persone della mia famiglia allargata, che tendenzialmente non si parlavano molto, iniziassero a comunicare senza grandi difficoltà. Mi ricordo proprio di averlo notato e che mi aveva fatto un bell'effetto; accorgersi che certe cose fanno *andare oltre* certi ostacoli che sembrano essere insormontabili è sempre qualcosa di bello.

Quel giorno è poi trascorso in un modo davvero singolare: io e Manuel abbiamo fatto shopping (cosa alquanto strana per noi) in posti improbabili, non negli outlet e nemmeno nei centri delle città, ma in negozietti isolati e démodé che sembravano fuori dal tempo, appena all'interno dalla costa. Proprio in quel pomeriggio ho perso i miei occhiali da sole, credo di averli dimenticati dentro ad uno di quei camerini tutti sgangherati.

Poi, cosa sempre insolita, abbiamo passato il pomeriggio nella natura, un pomeriggio lento, con un tempo denso di significati e di un silenzio altrettanto significativo che non sapevamo cosa stesse a comunicare.

Nel corso del nostro viaggio abbiamo visitato la natura incontaminata dei grandi parchi naturali americani, dal Gand Canyon alla Monument Valley, ma quel giorno era diverso, non eravamo in cerca del grande parco sconfinato, ma di una parentesi di natura raccolta, di quelle che si possono trovare anche appena dietro l'angolo. Ricordo che ci siamo fermati un po'a caso in un piccolo quartiere anonimo nel quale ad un tratto era come apparso un campo dall'aria ospitale, aveva anche un tavolo di legno proprio sotto ad un albero che con i rami lo proteggeva dallo strano sole pallido di quel giorno; era quasi come se stessimo cercando una natura a misura d'uomo, che avesse un non so che di casa, che potesse in qualche modo contenere noi e tutte le nostre emozioni…siamo stati lì così, apparentemente senza un motivo preciso, senza un perché…e le parole che volavano nell'aria tra di noi erano poche, nonostante non se ne sentisse la mancanza; sui nostri volti un accenno di mezzo sorriso statico e costante e dentro una strana e indefinibile sensazione di sospensione…

Quel giorno ci siamo scattati più foto del solito senza che ce ne accorgessimo, anche se in realtà non c'era apparentemente nulla da fotografare; quasi come a dare e a darci testimonianza che c'eravamo, che eravamo vivi, reali, come a contrastare inconsciamente quel senso di derealizzazione che avrebbe potuto metterci poco a scivolare nella depersonalizzazione[8].

A quel tempo non c'erano le fotocamere digitali e quindi serviva una valida motivazione per giustificare la pressione del dito sul pulsante dell'otturatore, perché ogni foto consumava il rullino e ogni scatto aveva un costo. Quel giorno non sapevamo quale fosse la motivazione a scattare tutti quei "click" apparentemente privi si senso, oggi invece comincio ad averne una vaga idea…

Ho ancora la foto che mi ritrae con la maglietta appena acquistata in quello stesso negozietto naif e surreale in cui con ogni probabilità ho smarrito i miei occhiali e conservo ancora anche la maglietta che ho sempre messo negli anni a venire. È una maglia della puma color viola melanzana, con inserti rossi sui bordi del colletto e delle maniche e con la stampa del logo in versione *vintage* al centro; devo dire che nonostante tutti gli anni trascorsi

---

[8] Sintomo come la derealizzazione ma riferito non al mondo esterno, bensì al proprio copro. La persona ha l'impressione che il proprio corpo sia irreale e/o lo vede come dall'esterno.

non ha mai perso la sua bella forma. Ora è piacevolmente scolorita e sembra mostrare con disinvoltura e orgoglio i segni del tempo e anche di quel tempo.

Ah, a proposito di sintomi dissociativi come la derealizzazione e la depersonalizzazione: non dimenticherò mai la reazione del popolo americano quella stessa sera dell'11 settembre.

Festa mesta

La sera dell'11 settembre le strade erano affollatissime di gente che faceva un sacco di casino, fatta eccezione per qualche piccolo gruppo di donne che si vedeva di tanto in tanto radunato agli incroci di fianco ai semafori con dei lumini e delle bandiere americane; per il resto, "Boom!" sembrava a tutti gli effetti una grandissima festa. Bandiere e drappeggi a stelle e strisce ovunque, suoni di clacson dappertutto, macchine rombanti che sgommavano in continuazione, gente in preda a un'euforia contagiosa ed esplosiva; urla, abbracci, strette di mano.

Che mi ricordi, credo di aver visto qualcosa di simile solo quando l'Italia vinse i mondiali nel 1990 (sto invecchiando), ma la sera di quell'11 settembre il tutto era elevato all'ennesima potenza, in perfetto stile americano.

Mentre eravamo fermi ai semafori la gente ci salutava e applicava drappeggi americani agli specchietti e all'antenna della nostra auto, qualcuno addirittura entrava col braccio dal finestrino a stringerci energicamente la mano urlandoci "God bless America!".

Insomma, una grande festa ricolma di spirito di fratellanza e di patriottismo esasperato.

Già eravamo interdetti per tutto ciò che era accaduto quella mattina e anche per quel pomeriggio così strano e insolito; ora, anche questa festa così chiassosa e in qualche modo fuori luogo…nell'insieme  avevamo una grande sensazione di stordimento.

In certi momenti ci facevamo trascinare  e contagiare dal caos e dall'entusiasmo e partecipavamo attivamente anche noi a quella paradossale parata chiassosa, altre volte ci guardavamo velocemente negli occhi e sembravamo chiederci "ma dove siamo? cosa sta succedendo? ma cosa stiamo festeggiando? cosa c'è da esser felici?"

Quella sera il popolo americano attorno a noi era a tutti gli effetti in uno stato che la psicopatologia definirebbe *ipomaniacale* e quindi ipereccitato, euforico, disinibito, disorganizzato.


A proposito di psicopatologia: solo più tardi e attraverso la mia formazione ho compreso che lo stato maniacale/ipomaniacale non è altro che l'altra faccia dello stato depressivo. È un modo reattivo per rovesciare illusoriamente la depressione, una modalità difensiva inconscia per evitare la palude scura e melmosa dello stato melanconico. È quello che accade anche nel fenomeno del lutto euforico, nel quale l'impossibilità di viere quel dolore, data dal fatto che inconsciamente viene percepito nel profondo come troppo lacerante, incontenibile e insostenibile, lo fa vivere reattivamente alla persona rovesciandolo, quasi come fosse una festa.

In un certo senso potremmo dire che è la risata del Joker e quindi, in realtà, nient'altro che un urlo di dolore e una richiesta d'aiuto camuffati nel loro opposto: in un euforia reattiva e, nel caso specifico del Joker, con l'aggiunta anche di una componente sadica.

***

Ho ricordi molto confusi di quella sera così dissonante, così disperatamente festosa; non ricordo di come ci siamo svegliati, so solo che di lì a poco avremmo dovuto far ritorno a casa, mi pare che il rientro fosse previsto per il dodici settembre, se non ricordo male. Sta di fatto che ovviamente tutti gli aeroporti erano blindati e tutti i voli annullati. Di conseguenza abbiamo dovuto prolungare il nostro soggiorno negli stati uniti di qualche giorno. Il volo di ritorno è stato il mio primo vero volo della paura, il primo volo dopo il trauma, il primo che al pari di tutti quelli successivi non avrebbe più potuto essere come quelli precedenti.

L'aeroporto di Los Angeles, da cui avremmo dovuto partire, era assediato dalle forze dell'ordine e dall'esercito. Si percepiva ovunque e in modo palpabile la presenza di un potenziale rischio, di una potenziale minaccia incombente e nascosta.

E noi, che avevamo appena associato in modo traumatico il volo e gli aerei al disastro, alla morte, al terrorismo, all'orrore indescrivibile, stavamo per imbarcarci all'interno di quel miracolo dell'ingegneria umana che nelle mani dei terroristi si era appena rivelato essere nient'altro che un'arma perfetta per colpire il mondo occidentale.

Per di più, noi stavamo andando verso l'Italia, sede del Vaticano e si vociferava a tal proposito che Roma potesse essere con buona probabilità l'obiettivo successivo.

Tornare a casa e quindi mettersi simbolicamente in salvo al sicuro, sembrava configurarsi paradossalmente come mettere la testa direttamente tra le fauci di un leone: per raggiungere la presunta sicurezza avremmo dovuto esporci a quello che io percepivo rappresentare il massimo del rischio: salire su un aereo. Per me era come una potenziale impresa auto sacrificale dalla quale mi trovavo costretto a passare per poter sperare di raggiungere la salvezza (mi sono reso conto che spesso è così…a volte, per metterci in salvo, dobbiamo fare proprio ciò che più ci spaventa).

Non scorderò mai quel volo…c'era un'atmosfera surreale, l'aereo era mezzo vuoto e noi ne abbiamo approfittato per metterci più comodi: alzando i braccioli dei singoli posti a sedere era possibile sdraiarsi lungo la fila centrale dei sedili che ne era composta da ben quattro. Oltre alla mancanza della maggior parte dei passeggeri, non ricordo fosse molto presente nemmeno il personale di volo, tant'è che non ho immagini nemmeno del pasto a bordo…evidentemente io stesso non ero molto presente pur essendoci fisicamente.

Ho praticamente solo due ricordi del viaggio di ritorno: quello di essermi sdraiato lungo la fila centrale di sedili passando buona parte del tempo in uno strano dormiveglia e poi quello dello scalo ad Amsterdam, durante il quale ho acquistato una confezione in promozione che conteneva due orologi di una nota marca americana, quasi come a volermi ricordare del tempo, di quel tempo e del suo scorrere mutevole quanto un colore cangiante. Non uno, ma ben due orologi proprio in quel momento in cui non riuscivo nemmeno a percepirlo il tempo, tant'è che mi è sempre rimasto il ricordo di un viaggio di ritorno cortissimo e allo stesso tempo paradossalmente lunghissimo.

In quel momento non avevo collegato le cose, non avevo questa consapevolezza, quegli orologi erano solo orologi, quelle fotografie di cui vi parlavo prima, scattate in abbondanza, erano solo delle fotografie, ne ignoravo il valore simbolico e la funzione. (Ora mi viene in mente che da piccolo adoravo le bussole e le mappe, cosa vorrà mai dire? sarà un caso?...)

Comunque sia, in qualche modo abbiamo attraversato lo spazio e il tempo e a casa fortunatamente ci siamo arrivati sani e salvi.

Questo è il mio biglietto di ritorno che guarda caso è
spuntato dal nulla proprio in questi giorni, senza che lo
cercassi [9]. Riporta la data 16 settembre 2001…

A guardarlo oggi sembra essere come un
sopravvissuto…mi ha colpito molto il fatto di averlo
ritrovato proprio ora, non sapevo nemmeno di averlo;
poi quelle striature e quegli aloni assomigliano a delle
bruciature, sembra quasi come se avesse attraversato un
incendio…

Devo dire che allo sbarco sembravamo due reduci di
guerra che facevano ritorno in patria, attesi con
trepidazione  dalle rispettive famiglie all'aeroporto. Tra

---

[9] Jung in questo caso parlerebbe di sincronicità: un principio di nessi
acausali che consiste in un legame tra due eventi che avvengono in
contemporanea, connessi tra loro, ma non in maniera causale, cioè
non in modo tale che l'uno influisca materialmente sull'altro; essi
apparterrebbero piuttosto a un medesimo contesto o contenuto
significativo, come due orologi che siano stati sincronizzati su una
stessa ora.

l'altro io avevo perso parecchio peso e questo contribuiva ad aumentare la preoccupazione nello sguardo dei miei familiari che mi trovavano come emaciato. Effettivamente la nostra involontaria dieta americana aveva funzionato alla perfezione: nessuna colazione, a meno che non fosse inclusa nella tariffa stracciata dei motel (eventualità rarissima), un hamburger a pranzo e uno a cena, possibilmente diversi. La "dieta dell'hamburger" su di me ha funzionato proprio alla grande, nonostante non credo fosse il massimo per la salute. Per fortuna ogni tanto ci concedevamo delle serate in qualche *all you can eat* o in qualche *steak house* tipica, in pieno stile Bud Spencer e Terence Hill; siamo stati in posti veramente fantastici.

Questa esperienza che ho condiviso con Manuel ha rappresentato qualcosa che ci ha unito profondamente e credo questo legame rimarrà sempre vivo in noi anche se ora ci siamo persi di vista. Tra l'altro noi avevamo suonato insieme in due gruppi musicali, il primo, quello che più ci aveva coinvolto emotivamente, si chiamava Milky Way: un progetto *indie-rock* inedito molto creativo e con davvero tante cose da dire.

Nella mia vita ho sempre vissuto un rapporto speciale con le persone con cui ho suonato: complici, alleati e compagni di gioco in quella dimensione artistica dove tutto può accadere, basta lasciare che la sinergia e la magia avvengano. Per me suonare con qualcuno con cui creo qualcosa di originale è sempre stato un atto di intimità, un'intimità davvero particolare e fatta non di parole, o per lo meno non solo da quelle, ma da qualcosa che va oltre, che trascende e parla direttamente ai sentimenti senza dover per forza passare dalla strettoia del linguaggio. In questi casi, a prescindere dal fatto di continuare a frequentarsi o meno, ho visto che qualcosa di prezioso nel tempo rimane, sempre.

Tornando al volo di ritorno: da lì, da quel preciso volo in poi, per me volare non è più stato come prima. Probabilmente non solo per me, ma un po' per tutti quelli che volavano già prima dell'11 settembre 2001.

Il fatto è anche che tutte le procedure di sicurezza che sono state introdotte da quel momento in poi, se da un lato ci fanno sentire più sicuri, dall'altro rappresentano la reale testimonianza della potenziale presenza di una minaccia nascosta.

Quando volavo negli U.S.A negli anni 90 era tutto molto più naturale, figurarsi che un paio di volte ero anche andato in cabina di pilotaggio con mio fratello e i miei cugini a salutare i piloti e a sbirciare la sala di comando di quella sorta di astronave piena di lucine e di interruttori. Da quella mattina di settembre in poi, invece, le cabine di pilotaggio hanno la porta blindata e tutto è cambiato da questo punto di vista.


## Prospettive che cambiano

E così, dopo questa esperienza, qualcosa che dentro di me era da sempre stato associato all'entusiasmo, alla spensieratezza, al divertimento, all'avventura, al vedere realizzarsi i propri sogni, aveva iniziato ad associarsi alla morte, al senso di impotenza, all'angoscia di una minaccia occulta e quindi a tutta una serie di elementi assolutamente dissonanti e contrari rispetto a quelli precedenti.

Questo capita spesso nella nostra vita in diverse circostanze, pensiamo per esempio ai rapporti amorosi: capita in certi momenti della vita di coppia che tutto ciò che avevamo associato all'amato o all'amata, tutte quelle cose che prima percepivamo come belle e luminose, improvvisamente, magari dopo un abbandono o un tradimento, vengano di colpo contaminate e spesso anche rimpiazzate da aspetti d'ombra, dolorosi e mortiferi. È un rovesciamento dell'ordine delle cose che ci spiazza e spesso ci fa poi essere molto timorosi rispetto alla possibilità di imbarcarci nuovamente in quella relazione concedendo ancora la nostra fiducia. Oppure, può rappresentare qualcosa in grado di renderci poi anche molto impauriti rispetto all'idea di imbarcarci in futuro in una nuova relazione d'amore, affidandoci e fidandoci che questa possa non precipitare come quella precedente. Perché nella nostra vita non ci imbarchiamo solo sugli aerei, anche se per certi versi le cose possono essere anche molto simili.

# Volere volare?

Così accade che per qualche motivo, talvolta dovuto ad esperienze che abbiamo vissuto collegate al volo e agli aerei (come l'11 settembre nel mio caso), oppure a determinate informazioni con le quali siamo venuti in contatto (ad esempio racconti traumatici/informazioni errate), la percezione del volo possa iniziare ad assumere ai nostri occhi un importante alone di minacciosità in grado di incuterci ansia e paura. Ciò potrebbe succedere fin da subito dopo queste due possibili evenienze, oppure anche solo da un certo momento della nostra vita in poi e talvolta rappresenta la causa principale che sta all'origine della nostra paura di volare. Ma ci sono anche tanti altri casi in cui la paura per il volo non risulta essere associata a nessuna di queste due possibilità. In questi casi non è accaduto nulla di tutto ciò, semplicemente abbiamo paura e non sappiamo bene il perché. Quando le cose stanno così, spesso è il significato simbolico sottostante e intrinseco all'esperienza stessa del volo a generare in noi la paura. E quel significato profondo è spesso anche ben nascosto, celato da meccanismi di difesa che lo lasciano al di fuori dalla nostra consapevolezza.

Non è raro nemmeno il caso in cui questi due aspetti (l'aver associato elementi negativi al volo sulla base di brutte esperienze personali e il significato simbolico che il volo riveste inconsapevolmente per noi) interagiscano e concorrano entrambi alla formazione dell'ansia di volare e nei casi più estremi, alla fobia del volo.

Parlando del significato simbolico di cui può essere investito il volo, dobbiamo considerare che:



Queste sono tutte tematiche centrali per noi esseri umani e non tutti ci abbiamo fatto i conti fino in fondo e può capitare che molti di noi, magari in periodi di vita particolarmente sensibili e critici, possano sentirsi come eccessivamente sollecitati da un'esperienza in grado di condensare in modo così potente tutti questi aspetti e che, di conseguenza, è anche potenzialmente in grado di risvegliare all'improvviso proprio quei nodi che ancora non sono stati sciolti o per lo meno consapevolizzati.
Non è insolito quindi ritrovarsi ed essere spaventati da quello che pensiamo potremmo provare vivendo l'esperienza di prendere l' aereo. Per qualcuno, anche solo immaginarlo può risultare ansiogeno, angosciante, incontenibile o insopportabile.

*Ma cosa succede se da un lato abbiamo paura e dall'altro desideriamo volare?*

Cosa succede se vogliamo volare, come suggerisce la domanda che da il titolo a questo paragrafo, magari per visitare dei posti che abbiamo da sempre sognato vedere, oppure per tornare in posti nei quali siamo già stati per viverli con occhi nuovi o per condividerli con qualcuno di speciale, ma allo stesso tempo temiamo il volo e volare sarebbe l'ultima cosa che vorremmo fare?

Generalmente accade che o troviamo un modo per superare la paura, che non significa eliminarla e non averne più, ma imparare a conoscerla e a gestirla, o che rinunciamo a dare spazio al nostro desiderio e mortifichiamo la sua spinta vitale in onore di una triste presunta sicurezza che non ci fa partire. Talvolta ci rendiamo conto di questa rinuncia e viviamo tutta la tristezza che una scelta così sacrificale e mortifica comporta, altre volte no e finiamo per raccontarcela nello stesso modo in cui faceva la volpe con l'uva nella famosa favola di Esopo: non potendola prendere perché posizionata troppo in alto si raccontava che era acerba e quindi non desiderabile, nonostante non fosse così e nonostante in realtà la desiderasse. Troppa era la frustrazione della volpe nel confrontarsi con il proprio limite.

Questo è un modo che molti di noi mettono inconsciamente in atto per risolvere il conflitto interno tra la spinta del desiderio e la controspinta della paura che viene generata dalla possibilità stessa che quel desiderio possa non realizzarsi a causa di un nostro limite. Gli psicoterapeuti di stampo cognitivista direbbero che questo raccontarsela è un modo per risolvere la dissonanza cognitiva, io aggiungerei che è un anche modo per cercare di mettere a tacere un conflitto emotivo.

E allora, di fronte al nostro limite, o meglio, di fronte al disconoscimento di quel limite (la volpe non accetta di non riuscire a raggiungere l'uva) per preservare apparentemente la nostra autostima interveniamo inconsciamente per trasformare la dissonanza in consonanza e così l'uva matura e desiderabile diventa d'un tratto acerba e non degna del nostro interesse. Tutto risolto, conflitto evitato (apparentemente).

Tradotto nei termini di ciò di cui stiamo parlando significa che potremmo finire per raccontarci che tanto a noi non interessa viaggiare, è così bello stare dove stiamo o andare in qualunque altra meta raggiungibile senza prendere l'aereo! (Se state leggendo questo libro, probabilmente ora non ve la state raccontando).

Per me ad esempio è stato proprio così: per un certo periodo mi sono raccontato che tanto avevo già viaggiato molto nella mia vita (cosa che era senz'altro vera)  e che non mi interessava più viaggiare perché in qualche modo "avevo già dato" (oggi non posso dire che questo fosse altrettanto vero).

E se qualcuno mi esortava a fare un viaggio che prevedesse uno spostamento in aereo torcevo subito il naso e di fronte all'eventuale insistenza dell'altro mi irritavo facilmente.

L'irritazione è sempre un segnale da non tralasciare, ci comunica che lì potrebbe molto probabilmente esserci qualcosa da guardare meglio, qualcosa di potenzialmente significativo che si nasconde sotto alla superfice della rabbia, dell'irritabilità o dell'insofferenza. Meglio quindi soffermarsi con attenzione e consapevolezza.

Quella che sto per dire è una realtà parecchio scomoda da accettare per molti di noi:

*ogni cosa che ci irrita rappresenta, o va comunque a toccare in qualche modo, qualcosa che per noi è importante.*

Pensiamo quindi a quante cose potremmo potenzialmente imparare su di noi proprio grazie alle circostanze e alle persone che ci indispongono, se solo ci dessimo la possibilità di soffermarci su quell'irritazione interrogandoci. Saper stare con le emozioni scomode e coglierne il messaggio è sempre un lavoro fruttifero rispetto alla conoscenza di Sé.

Ma, detto questo: *perché dovremmo volare se abbiamo paura?*

Non è forse la paura un'emozione che ci avverte di un pericolo e quindi, come ogni emozione, adattiva e in grado anche di salvarci la vita? Perché mai non dovremmo ascoltarla?

Beh, perché a volte è la paura di un fantasma, cioè, di qualcosa di irreale generato dalla nostra mente. Un fantasma della nostra mente che finiamo per proiettare, a causa di svariati motivi, su degli oggetti esterni, per esempio, sull'aereo.

*E se ci rendessimo conto che la nostra paura di volare è in realtà solo la paura di un fantasma creato dalla nostra mente, dovremmo sforzarci a tutti i costi di prendere l'aereo?*

*Dipende.*

Dipende da cosa ci muove nel farlo.

Se la spinta interna che sentiamo è data dalla non accettazione dei nostri limiti e nasce quindi da una sterile sfida con noi stessi, con le nostre paure, per dimostrarci o per *dimostrare* a qualcuno che "siamo in grado di", ho parecchi dubbi sul fatto che prendere l'aereo possa essere un'esperienza significativa, se non a livello egoico/narcisistico; sarebbe come una medaglietta da apporre ed esibire sulla giacca. (La volpe che vuole raggiungere l'uva per vantarsene e non perché le piaccia davvero).

Se invece quella spinta che sentiamo trae la sua forza dal desiderio, dal sogno, dal fatto che per noi sarebbe davvero importante essere in quel posto; se sentiamo che si tratta di qualcosa in grado di espandere la nostra vita, di allargare i nostri orizzonti in tutti i sensi, allora si, credo che ne possa valere la pena, non tanto sforzarsi, ma *impegnarsi* per far in modo di *non rinunciare* a qualcosa che nel nostro cuore è davvero importante. (La volpe che vuole raggiungere l'uva perché ne adora il sapore e la consistenza).

Direi che questo vale per ogni cosa: un percorso di studi, un lavoro, una relazione, un figlio...è la differenza fondamentale che intercorre tra gli obiettivi e i valori.

Obiettivi e valori

Un obiettivo può essere fine a sé stesso, ad esempio prendere l'aereo o laurearsi in medicina. Ma un valore non è mai fine sé stesso, ad esempio essere liberi di poter esplorare il mondo o il fare del bene agli altri con il nostro lavoro.

*Cosa distingue gli obiettivi dai valori?*

Gli obiettivi, una volta raggiunti, possiamo come spuntarli in una *check-list* e dire: "fatto!"
I valori, al contrario, non li raggiungiamo mai, rappresentano delle direzioni da mantenere con impegno che rispondono ai nostri desideri più profondi, quegli stessi desideri la cui realizzazione ha il potere di donare senso alla nostra vita togliendola così dalla anonima condizione del mero esistere. I valori hanno a che fare con la persona che vogliamo essere e con la vita che vogliamo vivere.
Facciamo ancora un esempio, stavolta nell'ambito delle relazioni amorose: io posso avere l'obiettivo di sposarmi, una volta raggiunto è fatto, stop.
Ma rimanere fedele ed essere amorevole con la mia compagna, ad esempio, sono due cose che non si esauriscono, non si spuntano una volta per tutte, sono aspetti che richiedono un impegno sostenuto dal desiderio per essere protratte poi nel tempo; questa è la differenza sostanziale.

Naturalmente gli obiettivi possono rappresentare delle tappe intermedie all'interno del nostro sistema di valori, l'espressione di quest'ultimi.

Quindi, tornando all'esempio della relazione: sostenuto dal valore di essere amorevole con la mia compagna posso raggiungere gli obiettivi di prepararle la cena, di farle un regalo significativo, di dedicarle il mio giorno libero facendole una sorpresa, etc…ma tutte queste cose non sono fine a sé stesse, al contrario, rappresentano espressioni di un sistema valoriale sostenuto dalla dimensione propulsiva e generativa del desiderio.

Quindi, tornando ora all'aereo potremmo dire che: se sentite che prendere l'aereo rappresenta l'espressione di qualcosa che ha a che fare con i vostri valori, allora credo abbia senso che vi impegnate a gestire la vostra paura del volo, in modo da non lasciare che sia lei a decidere al posto vostro ma voi, sospinti dal sogno del vostro viaggio.

# PRIMA DELLA PARTENZA

*"Ognuno di noi ha un paio di ali,*
*ma solo chi sogna impara a volare."*
Jim Morrison

# Il sogno

Ogni viaggio nasce da un sogno e ogni sogno porta in sé la dimensione del desiderio. Se questo è vero, potremmo dire che ogni viaggio è anche un desiderio che prende forma, che si incarna e si attualizza nella nostra vita attingendo dal nostro piano valoriale.

Come questo sogno venga a trovarci è talvolta spiegabile e altre rimane invece un mistero, ma credo che ogni viaggio abbia bisogno di essere prima sognato per poi realizzarsi. Per viaggio non intendo uno spostamento dal punto A al punto B con fini ben precisi, come quando andiamo in un luogo perché ci serve qualcosa, ma un imbarcarsi per andare nel mondo in conseguenza al fatto che sentiamo che il mondo o una parte di esso ci sta chiamando, oppure perché sentiamo che una parte di noi ci sta chiedendo di andare proprio là.

Ogni viaggio degno di questo nome è quindi per me qualcosa che include inevitabilmente una dimensione di mistero e di avventura. Senza questi elementi a mio parere non si può parlare di viaggio, tutt'al più stiamo parlando di una gita o di una vacanza.

A proposito di paura: non dimentichiamoci che il senso dell'avventura è proprio quella condizione emotiva che nasce quando abbiamo paura e quella paura incontra il nostro coraggio. Non il coraggio che la neutralizza, ma quello che ci si mischia insieme andando a creare un mix emotivo stimolante che ci spinge ad andare avanti e ad esplorare.

Partire per un viaggio è sempre un avventurarsi perché si può sapere come si parte ma non si può sapere come si torna, possiamo sapere cosa lasciamo ma non sappiamo mai bene quello che troveremo e nemmeno quanto le nostre eventuali aspettative saranno soddisfatte o disilluse.

Dicono che chi torna da un viaggio non sia più la stessa persona che è partita e credo che questo sia proprio vero sia per i viaggi che possiamo intraprendere nel mondo che c'è al di fuori da noi che per quelli interiori (a volte queste due dimensioni si sovrappongono).

In ogni caso il sogno di un viaggio ha molto a che fare con la nostra immaginazione: ci porta infatti a collocarci mentalmente ed emotivamente in quei luoghi che abbiamo visto in foto, nei video, in qualche film, oppure di cui abbiamo solo sentito parlare da qualcuno.

In quei momenti ci immaginiamo là e assaporiamo virtualmente come sarebbe esserci dentro e il sapore che sentiamo ci piace. Questo sognare e questo giocare con l'immaginazione sono stati sempre la scintilla che ha fatto di volta in volta accendere il desiderio di ogni viaggio che ho vissuto; scintilla che mi ha poi portato all'acquisto dei biglietti…

# L'acquisto dei biglietti

Se il sogno di quel viaggio e quindi il desiderio stesso di partire trova sufficientemente spazio e non viene intercettato o bloccato da qualcosa che lo limita, come ad esempio la paura di volare, è probabile che di lì a poco ci ritroveremo in un'agenzia di viaggi, oppure, come sempre più spesso accade oggi, saremo intenti a navigare su un sito di prenotazione voli.

È così valutiamo le varie possibilità, confrontiamo i prezzi, le durate dei voli, il numero degli scali e talvolta anche i modelli di aeromobile utilizzati per le tratte.

Intanto c'è da dire che se siamo arrivati fino a qui e magari ci sentiamo anche pronti per prenotare, significa che abbiamo già fatto parecchia strada rispetto alla nostra paura di volare: vuol dire che abbiamo scelto di non mettere la paura in cabina di pilotaggio a tracciare la rotta della nostra vita, ma il nostro desiderio (per lo meno in questa circostanza); questo è un aspetto fondamentale e non solo per quanto riguarda i viaggi…

Qualcuno che sta leggendo potrebbe sentire questo momento della prenotazione ancora come impossibile dal realizzarsi, qualcun'altro invece magari si sta informando ma si sente ancora molto lontano dal poter prenotare, altri ancora, dopo essersi già guardati attorno, si sentono pronti per prenotare e ancora altri hanno già prenotato ma sono assaliti da una grandissima ansia anticipatoria che gli fa sentire come la tentazione di tornare indietro e annullare tutto.

In qualunque di queste situazioni possiate trovarvi, va benissimo così, continuate nella lettura, questo paragrafo e il libro stesso non sono pensati per chi si trova in un punto specifico piuttosto che in un altro e se per voi viaggiare è un desiderio a cui saprete concedere spazio, molto probabilmente vi troverete prima o poi a prenotare il vostro volo.

Sta di fatto che il momento dell'acquisto dei biglietti è un punto fondamentale, potremmo dire che è da lì in poi che il vostro viaggio ha iniziato a concretizzarsi nel modo esterno. Abbiamo scelto la compagnia aerea, il volo, il posto a sedere e se il volo è piuttosto lungo anche il pranzo o la cena. A proposito, la scelta del vostro posto potrebbe essere anche parecchio importante, se sentite che per voi lo è, fatevi guidare semplicemente da questo principio:

*scegliete il posto che intuitivamente sentite essere quello che preferite, quello in cui vi mettereste se l'aereo fosse vuoto.*

Ovviamente, prima prenoterete e maggiore sarà la scelta. Una volta acquistati i biglietti siamo arrivati ad un punto in cui abbiamo speso dei soldi e anche se magari abbiamo stipulato un'assicurazione di viaggio sappiamo che in caso di disdetta non ci verrà ridata la stessa cifra e, cosa ancora più importante, sappiamo che se dovessimo disdire a causa della paura di volare perderemo un nostro sogno, sacrificheremmo così il nostro desiderio di volare sull'altare di una presunta sicurezza di non cadere. Come direbbe il padre della psicanalisi[10]: baratteremmo un po' di felicità per un po' di sicurezza. Rimarremmo a terra nella nostra zona di confort che, di fatto, più che *zona di confort*, si rivelerebbe poi essere la *zona della tristezza*.

Se avete già le carte d'imbarco, o comunque quando le avrete, guardatele bene: hanno scritto il vostro nome e in qualche modo vi dicono che avete tutte le carte in regola per partire, che è possibile farlo, che siete idonei al volo, anche se questo potrebbe non sembrarvi sufficiente per farvi sentire in grado di volare e magari iniziate a sentire l'ansia salire…


*A questo proposito: nel prossimo paragrafo andremo a focalizzarci proprio sui meccanismi e sulle dinamiche sottostanti l'ansia e la paura, mentre in quello successivo apprenderemo dei metodi per imparare ad accogliere e far fronte ad ogni sensazione, pensiero ed emozione. Vi anticipo quindi che questi due paragrafi saranno necessariamente un po' tecnici; valutate voi se e quando leggerli, in base a come vi sentite; io vi suggerisco di leggerli ora se sentite già dell'ansia anticipatoria.

---

[10] Sigmund Freud.

# L'attesa ansiosa e la paura della paura

*"…Ma l'unico pericolo che sento veramente*
*È quello di non riuscire più a sentire niente…"* [11]

Dal momento della prenotazione del volo in poi potremmo ritrovarci a viere dei giorni difficili per via dell'*ansia anticipatoria*: una forma molto subdola di ansia che ci porta a proiettarci in un futuro infausto, talvolta anche catastrofico, che finisce col farci vivere il presente come una penosa attesa dell'inevitabile e più o meno definita disfatta annunciata.

L'ansia anticipatoria, come ogni manifestazione ansiosa, assomiglia al processo di formazione di un onda. In questo caso più ci avviciniamo alla data della partenza e più l'onda s'innalza, e più sale e più ci sentiamo sovrastati impauriti e impotenti; e più ci sentiamo così e più vorremmo scappare. A volte può essere così intensa da toglierci anche il sonno, nei giorni appena precedenti al volo. Potremmo così ritrovarci a vivere delle *crisi d'ansia* anche molto intense, in grado di arrivare ad assumere anche la forma *dell'attacco di panico*.

---

[11] Tratto dalla canzone "Fango" di Jovanotti 2007.

L'incertezza legata all'esperienza che andremo a vivere, data dal fatto che non sapremo come sarà e come andrà, viene sfalsata dall'ansia che opera un'illusoria equivalenza:

*l'ansia ci fa percepire l'incertezza come insicurezza.*

L'ansia confonde questi due stati che in realtà sono differenti, perché un conto è essere *incerti* e cioè sentire di non saper come le cose andranno, un altro conto è essere *insicuri* e cioè sentire di essere in pericolo per il fatto di non sapere come le cose andranno.

Sintetizzando potremmo dire che l'*incertezza* può portarci a dire *"chissà come andrà…"* e in questo modo allarga il panorama e amplia il ventaglio delle possibilità. L'*insicurezza*, invece, può portarci a dire *"non sapendo come andrà non sono al sicuro/sono in pericolo"* e quindi a dubitare sia di noi che delle situazioni in cui potremmo trovarci. L'insicurezza chiude il panorama e restringe il ventaglio delle possibilità focalizzando il nostro sguardo solo su quello che potrebbe andare storto.

È molto importante saperle distinguere e imparare a starci, soprattutto nell'incertezza, perché è anche la zona delle possibilità, di *tutte le possibilità*, non solo di quelle brutte!

Quindi, prestate attenzione al vostro modo di percepire le situazioni incerte, sia interne che esterne; prestate attenzione se vi capita di leggerle erroneamente come insicure, perché l'ansia può facilmente portarvi a confondere queste due dimensioni generando così un circolo vizioso che finisce per incrementarla ulteriormente.

Sempre parlando di ansia e di manifestazioni ansiose, mi concentrerò ora brevemente sull'attacco di panico; brevemente perché non voglio soffermarmi tanto sui vari aspetti clinico/psico-educazionali facendovi un excursus circa la fenomenologia ansiosa (rispetto alla quale potrete trovare moltissimi manuali completi e anche tanti siti ricchi di informazioni online) e perché generalmente è proprio questa la forma d'ansia che maggiormente spaventa e preoccupa chi ha paura dell'aereo. Questo anche perché la situazione del volo può attivare il fantasma mentale della perdita di controllo e il bisogno di fuggire per mettersi in salvo, proprio in un luogo in cui non c'è alcuna via d'uscita, oltre che nessuna possibilità di controllare gli eventi, in quanto ci si affida in tutto e per tutto ai piloti. L'insieme di questi e anche altri elementi può favorire l'insorgere dell'ansia che può essere così intensa da arrivare fino al panico.

Ora ci concentreremo proprio sul panico, considerando che comunque, in larga misura, molte delle cose che dirò valgono anche per l'ansia in generale, di cui il panico rappresenta la manifestazione più intensa.

<u>L'attacco di panico</u>

Non è altro che un'intensa crisi d'ansia che coinvolge in modo importante anche il nostro corpo che, in risposta all'*interpretazione* che la nostra mente fa di una data situazione (interna o esterna), percepita come minacciosa, attiva la naturale risposta fisiologica di attacco/fuga. Questa è quella reazione che condividiamo con tutto il regno animale, che predispone il nostro organismo ad attaccare o a fuggire in risposta ad una presunta minaccia rilevata. È un eredità dell'evoluzione della specie che mobilita una grande quantità di energia attraverso il rilascio di ormoni come l'adrenalina e la noradrenalina.

La conseguenza fisiologica di tutto questo è che il sistema nervoso simpatico, attraverso il quale la reazione di attacco/fuga si implementa nel corpo, si iperattiva e noi iniziamo ad avvertire delle modificazioni fisiologiche che ci preparano ad attaccare o a fuggire; come ad esempio il cuore che inizia a battere forte, la sudorazione che aumenta, il respiro che cambia ritmo, variazioni della temperatura, etc…

Nel caso di minaccia reale (come per esempio di fronte ad un aggressore) si tratta di una risposta adattiva e funzionale in grado di facilitarci nel metterci in salvo preparandoci alla fuga o al combattimento. Il punto è che chi soffre di attacchi di panico vive questa reazione in assenza di una minaccia reale e quindi si trova ad aver a che fare con un inutile surplus di energia che non trova uno sbocco in cui defluire, che fa di conseguenza avere alla persona la sensazione di perdita di controllo o di morte imminente.

Così facendo, una reazione adattiva e funzionale diviene disadattiva e disfunzionale in quanto inutile perchè fuori luogo, fuori contesto.

Su un'ipotetica scala dell'ansia potremmo collocare il panico all'estremo che corrisponde al livello massimo dell'intensità. All'altro estremo, quello che corrisponde al livello minimo di intensità, potremmo collocare un leggero stato di irrequietezza. In mezzo ci stanno tutte le manifestazioni ansiose intermedie.

Il panico può potenzialmente scattare ogni volta che percepiamo una minaccia dalla quale sentiamo di non poter fuggire e verso cui ci sentiamo impotenti. La minaccia *percepita* può essere esterna (come ad esempio prendere l'aereo) o interna (come ad esempio contenuti psichici con in quali facciamo fatica a confrontarci). Talvolta accade che sia una situazione esterna ad attivare poi in noi una presunta minaccia interna in grado di dare il via al panico, come fosse una sorta di interuttore.

Facciamo un piccolo esempio: mettiamo che io sia una persona che soffre il distacco e l'abbandono perché da piccolo ho vissuto esperienze di separazioni traumatiche/abbandoni vari e mettiamo che questo "buco emotivo" sia rimasto aperto in me ma che l'abbia in qualche modo coperto, nascosto e quindi che non ne sia consapevole. Questo buco emotivo potrebbe rimanere inconscio e stare lì come una brace accesa celata sotto alla cenere per molto tempo, magari proprio fino a che io non mi ritrovi a vivere una situazione in grado di risvegliarlo. Il volo in aereo potrebbe essere un esempio di situazione potenzialmente in grado di far risvegliare quel buco emotivo nello stesso modo in cui un soffio d'aria potrebbe spostare la cenere svelando e riattivando una brace nascosta. Questo perché il volo, con il suo potere simbolico, potrebbe riportare la mia parte inconsapevole in contatto con la dimensione del distacco e dell'abbandono. Mi rendo conto che questo è un aspetto complesso e rispetto al quale ci sarebbe da dedicare almeno un libro intero, ma per quanto concerne questo contesto, limitiamoci a dire che c'è anche questa possibilità.

In ogni caso, ogni volta che la minaccia percepita non corrisponde ad una minaccia reale, si tratta solo di un'illusione ma, fino a che non ci rendiamo conto di questo, quell'illusione sarà potenzialmente sufficiente per generare in noi il panico.

È come se il nostro allarme di casa fosse troppo sensibile e anzichè scattare quando il vetro viene rotto da un ladro (minaccia reale) partisse anche in risposta ad un innocuo soffio di vento (illusione di minaccia).

L'allarme che parte, come il nostro corpo che si attiva, fa il suo dovere: si mobilita in risposta ad una presunta minaccia. Il punto è che la sua soglia di attivazione è così bassa da farlo partire anche in risposta a qualcosa che non rappresenta in realtà un pericolo.

Quindi, è la nostra lettura erronea delle situazioni, delle nostre sensazioni, dei nostri pensieri e delle nostre emozioni a farci sentire in pericolo anche laddove in realtà il pericolo non c'è; è la lettura distorta che la nostra mente fa per proteggerci da un fantasma, che fa partire l'effetto domino del panico.

Facciamo un esempio, semplificando e stando nel contesto del volo...

1 Durante il volo sento un rumore che mi sembra
strano e lo interpreto come pericoloso
*(prima lettura erronea/illusione).*

2 Questa lettura sfalsata fa scattare l'allarme interno e il
mio corpo inizia ad attivarsi con la tipica
risposta di attacco-fuga
*(prima reazione alla lettura erronea/illusione).*

3 Notando il cuore che batte più forte, la sudorazione
aumentare, il respiro modificarsi, etc…interpreto anche
questi segnali interni come pericolosi perché potrei
perdere il controllo o morire
*(seconda lettura erronea/illusione).*

4  Cerco di controllare quello che sento
*(seconda reazione alla lettura erronea/illusione).*

5 Sento il bisogno di una via di fuga, ma non c'è
e mi sento in trappola

6 Arriva l'attacco di panico

## Il circolo vizioso del mantenimento della paura

Se questo effetto domino si cronicizza e diventa la modalità prevalente con cui ci approcciamo alle esperienze, viene a crearsi in noi un vero e proprio cortocircuito cognitivo-emotivo che ci porta ad aver *paura di quello che sentiamo;* nasce così in noi anche la *paura della paura* e con essa il *bisogno di controllarla.*

Il modo che la maggior parte di noi utilizza per controllarla è l'*evitamento*[12]: si evitano tutte quelle situazioni (interne ed esterne) che potrebbero essere fonte di ansia e paura e, così facendo, a dispetto di un calo della paura e dell'ansia nel breve periodo, si vanno ad alimentare sempre più la paura e l'ansia sul lungo periodo, che ad ogni evitamento crescono di un pezzetto. Questo va poi ad intaccare la nostra *autostima* e il nostro senso di *autoefficacia percepita*[13], che corrisponde alla consapevolezza che abbiamo di essere capaci di dominare specifiche attività, situazioni o aspetti del nostro funzionamento psicologico o sociale. Calando il senso di autoefficacia non ci sentiamo in grado di affrontare le situazioni percepite come minacciose e quindi abbiamo paura, avendo paura evitiamo, e così via... il *circolo vizioso del mantenimento della paura* ha preso forma.

---

[12] In questo caso stiamo parlando dell'evitamento di situazioni esterne attivanti ma l'evitamento esperienziale, come abbiamo detto, può riguardare anche il nostro mondo interno (evitare di confrontarsi con aspetti riguardanti se stessi e la propria storia, per esempio).

[13] Termine coniato dalla psicologo sociale Albert Bandura.

Per chiarezza, riporto il circolo vizioso del mantenimento della paura in forma grafica…

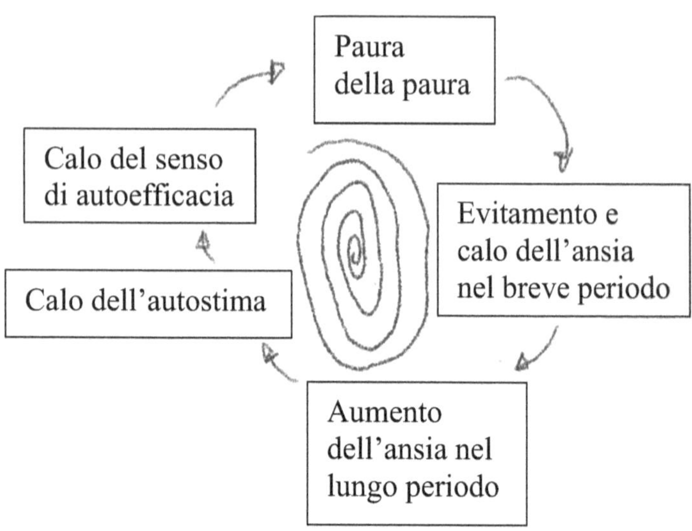


Questo meccanismo può arrivare a livelli così pervasivi da restringere tantissimo la vita e il raggio d'azione di chi ne soffre, che può arrivare fino a non sentirsi in grado di fare quasi nulla da solo e ad aver bisogno di essere sempre accompagnato in quello che fa. Questo ha delle grandi ricadute sull'autonomia e l'indipendenza personale e fa nascere dinamiche di dipendenza molto pesanti e dolorose sia per chi ne è afflitto sia per chi gli sta accanto, che spesso non sa come comportarsi per essere davvero d'aiuto.

*Il paradosso è che il tentativo di controllare la paura finisce con il far perdere alla persona il controllo sulla propria stessa vita.*

E così, mentre siamo lì a cercare di controllare tutto, perdiamo paradossalmente il controllo su tutto e arriva proprio l'attacco di *panico* che con tutta la sua potenza e irruenza sconvolge come uno tsunami emotivo le nostre vite troppo strette, il nostro mondo emotivo troppo controllato e i nostri corpi troppo irrigiditi.

*Quando il panico arriva nella nostra vita ha sempre senso chiederci cosa significhi, cosa ci stia comunicando.*

Perché spesso è un segnale che qualcosa deve cambiare per il nostro benessere, in noi, nella nostra vita o nel nostro modo di stare al mondo. Invece spesso vogliamo solo che se ne vada il prima possibile e cerchiamo di tapparlo con farmaci vari o di estirparlo con metodi terapeutici (o presunti tali) rapidi che promettono illusoriamente rimuoverlo rapidamente. Queste strade non rappresentano secondo me delle soluzioni, non solo perché con ogni probabilità il sintomo tornerà, anche se magari in forma diversa[14], ma anche perché in questo modo ci perderemmo anche l'opportunità di cogliere il messaggio prezioso che il panico ha in serbo per noi, quello che è venuto a comunicarci.

---

[14] Fenomeno noto come "spostamento" da un oggetto all'altro (in questo caso da un sintomo all'altro).

Personalmente credo che abbia senso approcciarsi al panico su due fronti: cercare da un lato di allentare un po' la morsa dei sintomi e del disagio che può portare nella nostra vita e parallelamente, dall'altro lato, impegnarsi per comprendere il messaggio nascosto che sta cercando di veicolarci. In questo modo avremo un leggero sollievo parziale dai sintomi che potrà liberare quell'energia necessaria per poter lavorare su di noi e avere così la possibilità di scoprire delle cose anche molto importanti. Spesso, ascoltare il panico e coglierne il messaggio decifrandolo, coincide anche con il suo andarsene; quasi come se una volta che abbiamo decodificato quello che aveva da dirci, avesse di fatto compiuto la propria missione e potesse di conseguenza lasciarci in pace.

Da questa prospettiva, se ci pensiamo bene, il panico è un nostro grande alleato, una fonte vitale di energia che una volta accolta possiamo mettere al servizio della nostra vita.

*E quindi cosa possiamo fare?*
Se al posto di evitarlo ci mettessimo ad ascoltarlo, se al posto di cercare di controllare quello che sentiamo provassimo invece ad arrenderci alle nostre emozioni; attenzione, non nel senso della sconfitta, ma nel senso della deposizione delle armi, dello smettere di fare la guerra al nostro sentire e di imporre la tirannia del controllo, allora lo scenario potrebbe cambiare anche di molto. Quando lasciamo andare il bisogno di controllare

e di controllarci, le cose hanno l'opportunità di scorrere e fluire naturalmente.

Si tratta di rompere il circolo vizioso facendo qualcosa di diverso. Si esce sempre così dai circoli viziosi: facendo qualcosa di inedito che spezza il solito schema. In questo caso si tratta di agire, di affrontare anzichè evitare, di *correre dei rischi,* di muoverci nella direzione che è importante per noi, in linea con i nostri valori.

*Si tratta di non "essere mossi" dalla paura o dall'ansia ma di "muoverci con" la paura e con l'ansia, nonostante la paura e l'ansia.*

Per poterci muovere con la paura e con l'ansia dobbiamo però prima imparare ad accettarle, accoglierle e abbracciarle.

Come accennato in precedenza, ogni fenomenologia ansiosa può essere rappresentata attraverso l'immagine di un'onda...

*Il punto è riuscire a stare nella parte in cui l'onda inizia a farsi più alta, accogliendola e avendo fiducia che raggiunto il suo picco se ne andrà naturalmente.*

Facciamo un esempio che possa illustrare bene la differenza che c'è tra la non accettazione e l'utilizzo del controllo e, al contrario, l'accettazione e la resa verso le onde emotive che possono muoversi in noi...

...siete sulla spiaggia, il mare è mosso, arriva un onda importante (ansia), voi prendete un asse (non accettazione) e la posizionate sulla battigia tenendola forte tra le mani per fermarla (controllo).

Cosa potrebbe accadere? Che l'onda, trovando l'asse ad ostacolarne il libero fluire, si innalzerebbe ulteriormente e andrebbe a sbatterci contro, ci sarebbe rumore, la forza dell'onda potrebbe anche farvi male ai polsi o alle mani e gli spruzzi andrebbero dappertutto (incremento dell'ansia).

Cosa accadrebbe se invece che cercare di fermare l'onda con l'asse di legno vi metteste seduti sulla battigia (accettazione) a contemplare (resa consapevole) l'onda stessa? Quell'onda non si innalzerebbe di colpo perché non troverebbe alcun ostacolo a contrastarla, ma, al contrario, uno spazio in cui defluire; di conseguenza non farebbe alcun danno, nessun male ai polsi o alle mani, nessuno schizzo imprevisto e voi potreste godervi lo spettacolo, magari approfittandone anche per bagnarvi un po' i piedi (decremento dell'ansia).

Quell'asse di legno messa a cercar di fermare l'onda è l'equivalente dei nostri tentativi di controllare quello che sentiamo ed esprime a pieno titolo la non accettazione di quello che si muove in noi.

Lasciare arrivare l'onda di quello che proviamo, qualunque cosa sia e accoglierla con accettazione è qualcosa che va pienamente nella direzione del fluire della vita, è un gesto d'amore e di fiducia nei nostri confronti;

*si tratta di poter dire a noi stessi che sia quello che sentiamo, che anche come ci sentiamo in conseguenza quello stesso sentire, vanno bene entrambi così come sono e che non c'è bisogno di cambiare, modificare o controllare nulla.*

E se non riuscissimo a sederci simbolicamente sulla spiaggia ad osservare le onde? Se ci ritrovassimo troppo coinvolti? Potremmo comunque stare nel mezzo delle onde della nostra emotività accogliendole, danzando con loro senza cercare di fermarle. John Kabat Zinn, fondatore della mindfulness,[15] esprime bene il concetto con questa frase:

*"Non puoi fermare le onde, ma puoi imparare a padroneggiare il surf."*

---

[15] Meditazione laica efficace nella gestione nell'ansia e dello stress.

Si tratta di ammorbidirci anzichè irrigidirci, di scegliere la tenerezza della compassione verso noi stessi al posto della durezza del giudizio e dell'autoaccusa. Si tratta di usare le nostre ali non come una corazza nella quale avvolgerci per chiuderci e difenderci dal mondo e da quello che sentiamo, ma come possibilità di apertura in grado di metterci in contatto con il vento della vita pulsante delle nostre emozioni.

So che non è facile, soprattutto all'inizio, perché le nostre difese dopo tanto tempo che le utilizziamo si attivano poi in automatico, ma ricordiamoci che *fino a che respiriamo è sempre possibile cambiare.*


*Ma come nasce tutto questo?*

Molti di noi hanno perso la capacità di vivere le proprie emozioni così come sono, senza controllarle e lasciandole andare, da un certo punto della loro vita in poi. Spesso coincide con un uscita burrascosa dall'età dell'innocenza e della spensieratezza o all'entrata nel mondo dei grandi, un mondo che può sembrare sproporzionato ed angosciante quando ci si sente ancora piccoli e disorientati.

Capita quindi che un passaggio evolutivo, come quello dell'adolescenza, spesso non vissuto nel modo più armonioso, possa avere un ruolo importante sulla taratura del nostro sistema di allarme interno.

Qualcuno invece non ha nemmeno mai potuto godere di una parentesi spensierata fatta di libera accettazione del proprio sentire perché in conseguenza a certe precoci esperienze di vita dolorose si è ritrovato costretto a settare automaticamente e per forza di cose la soglia del suo sistema di allarme molto in basso fin da subito. Questa ipersensibilità gli è probabilmente servita per tutelarsi da situazioni realmente minacciose, se non addirittura per mettersi letteralmente in salvo dalle stesse. In questo ultimo caso, permettere alla soglia di cambiare e di ritararsi più in alto, ad un livello più realistico e funzionale, può essere anche molto faticoso perché è come se per queste persone venisse a mancare inconsciamente la sensazione di essere al sicuro.

Di conseguenza spesso si creano delle grandi e naturali resistenze al cambiamento perché non è facile abbandonare qualcosa che ci ha salvato la vita, ma lo dobbiamo a noi stessi nel momento in cui quel qualcosa, anzichè proteggerci come magari è stato in passato, diventa oggi nel nostro presente una pesante zavorra che ci separa dal nostro sentire, dalla vita e dal mondo. Anche in questo caso non è facile, ma certamente possibile.

In linea generale possiamo anche dire che spesso il panico compare nelle *fasi di passaggio* importanti della nostra vita (positive e non) quali potrebbero ad esempio essere: un matrimonio, la nascita di un figlio, dei cambiamenti lavorativi positivi importanti, un licenziamento, un trasferimento, un pensionamento, la perdita di un genitore, etc...

*A lungo andare quali possono essere le conseguenze?*
Semplificando e sintetizzando molto potremmo dire che, lasciando le cose così come sono, chi ha dovuto per

questioni di sopravvivenza (fisica o psichica) settare la propria soglia di allarme molto in basso, finisce spesso per polarizzarsi su uno dei due estremi di quello che potremmo pensare essere il continuum emotivo, ovvero: spesso si ritrova o con una *pelle troppo sensibile* e ogni cosa potenzialmente ha il potere di sconvolgerlo, oppure, dal lato opposto, ha una pelle talmente spessa da costituire una sorta di *corazza* in grado di non fargli più sentire nulla, nel bene e nel male; questo fino a che regge, ovvero, fino a che nella vita della persona non arriva qualcosa che irrompe violentemente ed apre una breccia nella sua armatura. Talvolta la persona non ha consapevolezza di cosa sia stato a scalfire la propria corazza, si sente solo in preda all'ansia o al panico e sono proprio questi vissuti emotivi a custodirne il segreto; per questo ansia e panico sono il più delle volte preziosi alleati da ascoltare e non mostri da scacciare.

In ogni caso, entrambe queste condizioni sono fonte di grande sofferenza: nella prima, quella della pelle troppo sensibile, la sofferenza è generalmente visibile e manifesta: sono quelle persone che sembrano aver paura di ogni cosa e che tendono ad avere importanti tratti dipendenti. La vita e la vitalità di queste persone può arrivare a restringersi anche tantissimo.

Nella seconda condizione, quella della corazza, la sofferenza è come se avesse la sordina, di solito è nascosta e ben dissimulata (volontariamente e non): sono quelle persone che sembrano avere tutto sotto controllo, possono sembrarci come inscalfibili (sempre fino a che reggono), tendono ad avere importanti tratti controdipendenti e anche in questo caso la vitalità è alquanto ridotta, come compressa, appiattita, perché non sono in contatto.

***

Sintetizzando, possiamo quindi dire che l'ansia e gli attacchi di panico possono avere diverse origini, alcune più circoscritte e situazionali, altre più profonde ed esistenziali. A volte sono il frutto di semplici condizionamenti, altre volte rappresentano solo la punta dell'iceberg di questioni ben più ampie e profonde e altre volte ancora sono un mix di questi due aspetti.

Queste manifestazioni ansiose possono verificarsi come episodi "una tantum" oppure evolvere cronicizzandosi. Inoltre c'è la possibilità che finiscano per organizzarsi, a gradi diversi, in funzionamenti personologici fenomenologicamente anche molto differenti tra loro (pelle troppo sottile/corazza), che condividono comunque un'assenza di vitalità e una perdita di contatto con il proprio autentico sentire.

Facciamo ancora un esempio con il volo: un conto è se ho paura dell'aereo dopo che ho vissuto l'esperienza traumatica di un atterraggio d'emergenza o dopo che qualche mio caro ha vissuto una brutta esperienza di questo tipo. Un altro conto è se *non* ci sono mai stati nella mia vita episodi che mi hanno fatto associare il volo con la paura e con il pericolo, con relativa attivazione dell'allarme interno, e nonostante tutto ciò ho comunque paura dell'aereo.

Come dicevamo prima, queste due situazioni possono anche mischiarsi. Nel mio caso ad esempio è stato così: l'11 settembre ha creato un condizionamento dato da un evento esterno sul quale ho poi proiettato inconsapevolmente dei fantasmi interni che in realtà non avevano nulla a che fare con il volo, ma con me e con la mia storia, con quello che rappresentava per me in quel momento della mia vita *partire e prendere il volo, fidarmi e affidarmi.*

In ogni caso potrà essere comunque utile comprendere cosa può facilitare l'innalzamento del picco, per evitare di incrementarlo noi stessi e cosa, al contrario, può facilitare che il picco scemi e si disperda naturalmente senza raggiungere vette elevate, per favorirne noi stessi il naturale defluire. Perché seppur innocui per la nostra salute psicofisica, questi picchi elevati possono essere comunque fonte di notevole disagio.

Se pensate che la paura del volo sia frutto di semplici condizionamenti probabilmente non sarà particolarmente complesso superarla, se invece pensate o sentite più verosimile la possibilità che sia frutto di (o anche di) dinamiche più profonde, può essere che la superiate comunque senza grandi difficoltà, magari anche in autonomia, ma non è affatto da escludere che possa essere consigliabile o anche necessario un percorso psicoterapeutico profondo, che non si concentri tanto sui sintomi quanto più su ciò che sta alla base degli stessi. Che la vostra paura per il volo sia solo la punta dell'iceberg o meno, ci sono della cose che possono comunque esservi d'aiuto e che potete portare fin da subito  in autonomia nella vostra vita: la meditazione mindfulness, il diario mindful, il respiro calmante e il rilassamento neuromuscolare progressivo (per esempio).

Nel prossimo paragrafo guarderemo queste quattro pratiche insieme.

# La via d'uscita è dentro

*"Cercavo sempre al di fuori di me la forza e la fiducia, ma queste vengono da dentro. Sono sempre state dentro per tutto il tempo."*
(Anna Freud)

[16] Illustrazione a cura dell'artista Gabriele Bonelli
https://www.instagram.com/gabriele.bonelli.art/

Ora voglio presentarvi queste quattro pratiche che potranno esservi utili per ricentrarvi e per gestire al meglio l'ansia. Ho scelto proprio queste perché ognuna ha delle caratteristiche specifiche che possono essere più o meno congeniali per ciascuno.

Qualora lo voleste, vi invito a sperimentarle tutte e poi, sulla base dell'effetto che hanno su di voi, a scegliere se praticarne una, due, tre, tutte o anche nessuna.

Perché questo titolo per presentare queste pratiche?

Perché spesso, non solo in aereo, possiamo avere la sensazione di essere come in trappola e sentire il bisogno pressante e urgente di trovare una via d'uscita al più presto. In realtà la via d'uscita, che non significa via di fuga (nel senso dell'evitamento dell'esperienza) è già lì, dentro di noi, si tratta "semplicemente" di potersene accorgere e di percorrerla con accettazione e gentilezza. Ho messo le virgolette a "semplicemente" perché non sempre "semplice" significa anche "facile", ma con fiducia e impegno è certamente possibile incarnare noi stessi questa semplicità.

*Il punto è riconoscere quello che c'è, accettarlo così com'è e attraversarlo rimanendo aperti e fiduciosi.*

## La mindfulness

È una forma meditazione laica che trae origine da antiche pratiche orientali, che è sganciata da qualsiasi tipo di credenza o pratica religiosa.

La pratica della mindfulness ruota attorno a due concetti fondamentali: quello di *consapevolezza* e quello di *concentrazione*.

Secondo la definizione di Jon Kabat Zinn, scienziato e teorico del protocollo MBSR (mindfulness based stress reduction), Mindfulness significa…

*"porre attenzione in un modo particolare: intenzionalmente, nel momento presente e in modo non giudicante".*

La Mindfulness è dunque una disciplina gentile che insegna a coltivare l'attenzione in modo saggio, salutare e pulito. L'intento è quello di conoscere sé stessi e il mondo attorno per ciò che realmente sono, guardandoli con freschezza e capacità di accettazione, imparando a radicarsi nel momento presente e a procedere nella vita senza stress, un passo alla volta.

Una mente che rimane radicata nel presente, nel *qui e ora*, non si affatica nell'inseguire il passato e il futuro, non spreca energie a rimpiangere, a soffrire per l'incertezza, il confronto, la frustrazione, l'ansia e le tante emozioni conflittuali. Una mente radicata nel presente ci permette di godere pienamente della nostra realtà così come si presenta, senza dover modificare nulla, ma accettando quello che c'è, così com'è.

Una mente capace di entrare in questo assetto mindful non si fa quindi condizionare dai film catastrofici che possiamo farci rispetto a ciò che potrebbe accadere nella nostra vita (volo in aereo compreso) ma riesce a vivere nel presente senza abbellirlo con le lenti rosa della superficialità e nemmeno tingendolo di nero con le lenti scure dell'ansia e della paura.

Se volete provare la mindfulness andate a questo indirizzo:

https://ilcentrodelse.it/volare/

La password è: volare

Qui potrete trovare tre tracce audio:

1 *"Il Sé osservante"* : utile per familiarizzare e apprendere con calma questa disciplina gentile, partite da qui.

2 *"L'autoabbraccio"* : particolarmente indicata per darci conforto nei momenti difficili.

3 *"Sull'aereo"* : una fantasia guidata in cui possiamo vivere, nella fantasia e in uno stato mindful, l'esperienza del decollo.

Troverete anche una quarta traccia audio, quella del rilassamento neuromuscolare progressivo, lasciatela da parte per il momento, ce ne occuperemo più avanti.

<u>Il diario mindful</u>

Si tratta di un diario in cui più che parlare di fatti esterni ci concentriamo sul nostro mondo interiore. È un metodo di auto osservazione che ci consente di fare un passo indietro e di divenire spettatori di quello che sentiamo, pensiamo e proviamo. Questo di per sé favorisce la disidentificazione dalle nostre sensazioni fisiche, dai nostri pensieri e dalle nostre emozioni. È un po' come la pratica della mindfulness, ma anzichè seguire una traccia audio, mettiamo in parole quello che sentiamo e lo scriviamo.

<u>Istruzioni</u>

Per compilare il diario procedete in questo modo: prendete un diario o un piccolo quaderno e dividete ogni pagina in quattro colonne: una per la situazione, una per le sensazioni fisiche, una per i pensieri e una per le emozioni. Come nell'esempio seguente...

(ps: non serve che facciate i disegnini)

Colonna situazione: qui descrivete semplicemente la situazione così come sarebbe se fosse ripresa da una telecamera, senza aggiungere nulla di più, nessuna interpretazione, giudizio, opinione. Come se doveste illustrare la situazione ad una persona che non era presente, in modo che si possa creare un'immagine fedele del contesto in cui vi trovate. La pura descrizione dei fatti, ad esempio: "mi trovo a casa da sola, sono le otto di sera e sto aspettando che arrivi il mio compagno dal lavoro".

Colonna sensazioni fisiche: in questa colonna andrete a mettere tutto ciò che riguarda le vostre sensazioni fisiche esattamente così come sono. Quindi, senza alcuna interpretazione, nessun giudizio, semplicemente i dati sensoriali che sentite provenire dal vostro corpo.

Questo è molto importante, vi faccio un esempio: se avete la sensazione di avere il fiato corto, scriverete "sensazione di avere il fiato corto" e non "sensazione di stare per soffocare"; nel primo caso stiamo parlando di una sensazione, mentre nel secondo di un'interpretazione di quella sensazione, di un pensiero riguardo ad essa, che andremo invece a mettere nella colonna dei pensieri.

Allo stesso modo non metteremo "paura di soffocare" che oltre al pensiero/interpretazione (soffocare) va ad aggiungere anche l'emozione (paura) che andrà invece messa nella colonna delle emozioni.

Vi faccio un altro esempio perché questo punto è molto importante: se ho la sensazione che il mio cuore batta forte scriverò "sensazione di aver il cuore che batte forte" o "aumento della frequenza cardiaca" e <u>non</u> "sensazione che il cuore non regga" che è un pensiero/interpretazione e tantomeno "sensazione che il cuore non regga e paura di morire d'infarto" che include oltre al pensiero/interpretazione anche la componente dell'emozione.

Cercate dunque di isolare le vostre sensazioni fisiche depurandole dai pensieri/interpretazioni e dalle vostre emozioni quando compilate questa colonna.

<u>Colonna pensieri</u>: qui mettete tutto quello che vi passa per la mente al momento della compilazione, qualsiasi cosa, anche la più assurda, nessuna censura. Ad esempio: "pensiero che sono in trappola e che non riuscirò a mettermi in salvo", "pensiero che a breve perderò il controllo di me stesso", "pensiero che sicuramente si accorgeranno che sono teso e farò una figuraccia terribile".

Prestate attenzione al fatto che si tratti di pensieri e non di sensazioni fisiche o di emozioni.

<u>Colonna emozioni</u>: qui andranno le emozioni che state provando e/o il sottofondo e la coloritura emotiva del vostro vissuto emotivo. Potrete nominare le vostre emozioni come ad esempio: "emozione di paura", " ho provato angoscia", "mi sono sentito terrorizzato". Ma anche descrivere in modo più ampio il vostro vissuto emotivo, come ad esempio: "mi sono sentito come un bambino impaurito in un mondo troppo grande", "ho

provato una forte vergogna e paura di essere scoperto nella mia ansia". Assicuratevi di non mischiare o confondere le emozioni con le sensazioni fisiche e con i pensieri.


<u>Ordine di compilazione delle colonne</u>
Partite dalla colonna di ciò che sentite essere più pregnante per voi in quel momento, dalla componente che sentite essere più intensa nella vostra esperienza fra le sensazioni fisiche, i pensieri e le emozioni; quella che è più in primo piano e poi passate alle altre due seguendo un ordine decrescente.
La colonna della situazione, invece, lasciatela sempre per ultima.


<u>Quando compilare il diario</u>: vi ricordate quando parlando dell'ansia abbiamo fatto l'esempio della formazione di un'onda? Ecco, il diario va compilato ogni volta che sentite che l'onda si sta innalzando raggiungendo altezze di intensità notevole. Lì, anzichè scappare ed evitare, decidiamo di stare con l'onda, di rimanere ad osservare la nostra esperienza e nel fare questo prendiamo paradossalmente distanza dall'onda pur essendoci allo stesso tempo a contatto.


<u>Perché compilare il diario</u>: oltre ad essere un modo per rimanere in contatto con il nostro panorama interiore, ci da anche la possibilità di disidentificarci da ciò che proviamo fisicamente, mentalmente ed emotivamente.

Rappresenta un modo particolare di essere in contatto con tutto ciò che si muove in noi perché ci aiuta nel rimanere nell'esperienza anzichè evitarla, ma senza esserne travolti, perché mette tra noi e l'esperienza una distanza tale da poterla guardare dal di fuori.

Vi faccio un esempio…

…immaginate di essere in una foresta, in questa foresta c'è un fiume e quel fiume rappresenta tutte le vostre sensazioni fisiche, tutti i vostri pensieri e tutte le vostre emozioni.

*Evitare* l'esperienza significherebbe scappare a gambe levate alla sola vista del fiume; cosa che abbiamo visto essere altamente sconveniente perché collegata al circolo vizioso del mantenimento della paura che è innescato proprio dall'evitamento delle esperienze (sia interne che esterne).

*Essere travolti* dall'esperienza significherebbe stare dentro al fiume essendone in balia, trascinati e sballottati dappertutto dalla corrente (come accade per esempio durante una forte crisi d'ansia o un attacco di panico).

Con la compilazione del diario mindful, invece, è come se ci dessimo la possibilità (come accade anche con la mindfulness) di sederci sulla riva del fiume e iniziare ad osservarlo nelle sue componenti: la velocità a cui scorre, il colore dell'acqua, il suono che emette scorrendo…potremmo notare se ci sono delle foglie sulla sua superfice, notare i sassi sul fondale, vedere se fluisce liberamente o se ci sono dei tronchi ad ostruirne il naturale passaggio. E mentre facciamo tutto questo lavoro di osservazione finiamo col ritrovarci *disidentificati* perché il fatto stesso di essere nella posizione di chi osserva ci fa comprendere che noi siamo altro.

*noi non siamo le nostre sensazioni fisiche, i nostri pensieri, le nostre emozioni, ma molto di più. Siamo qualcosa che va ben oltre tutto ciò, siamo il centro attraverso il quale scorre la nostra esperienza; non la nostra esperienza.*

Secondo questa prospettiva, quando per esempio diciamo "sono depresso" in realtà le cose non stanno proprio così: non è vero che io sono depresso, ma è vero che ci sono delle sensazioni, dei pensieri o delle emozioni che hanno una coloritura affettiva depressiva in me. Sarebbe quindi più corretto dire "ci sono degli elementi di tristezza nel mio panorama interiore". Capisco che possa sembrarvi macchinoso e insolito ma è per rendervi bene l'idea di quello che intendo dire; faccio una metafora per provare a semplificare il concetto…

…immaginate di guardare un bellissimo cielo azzurro, terso e luminoso, con qua e là qualche nuvoletta bianca: in questo caso sarebbe corretto dire che il cielo è nuvoloso, o sarebbe più corretto dire che c'è qualche nuvola nel cielo?
Ecco, voi siete il cielo, non fate l'errore di identificarvi con quello che vi attraversa, non fate l'errore di identificarvi con le nuvole, siete molto di più e avete in voi spazio a sufficienza per contenere qualsiasi fenomeno atmosferico!

Magari potreste pensare che è più facile se c'è giusto qualche nuvoletta qua e là e non quando c'è uno spesso strato di nuvole grigie, in quel caso sarebbe forse più corretto secondo voi dire che il cielo è nuvoloso. Questo perché ormai siete abituati a fare così, ma anche in questo caso, in realtà, le cose non stanno così e se avete già preso un aereo o prederete un aereo in un giorno nuvoloso, potrete accorgervene di persona che le cose stanno diversamente.

Quello che mi preme sottolineare qui ora è che attraverso la compilazione del diario potrete rendervi conto che…

*le sensazioni fisiche sono solo sensazioni fisiche, nulla di più*
*i pensieri sono solo pensieri, nulla di più*
*le emozioni sono solo emozioni, nulla di più*
*e voi potete diventare osservatori di tutto questo e metterlo per iscritto perché siete molto di più di tutto questo*

<u>Ulteriori indicazioni</u>
Se deciderete di sperimentare questo metodo di auto osservazione, vedete se è possibile farlo senza puntare al raggiungimento di un risultato, ma semplicemente con curiosità e apertura all'esperienza, assumendo un atteggiamento mindful. Poi, l'effetto benefico potrà anche arrivare, ma sarà come un bonus, un "di più" da accogliere a braccia aperte e non da ricercare con sforzo ed ostinazione.

*Se praticando vedete che la vostra confidenza con questo strumento aumenta, potete passare a compilarlo in modo più libero e creativo, meno strutturato, senza colonne, in maniera più discorsiva proprio come un vero e proprio diario, ma non dimenticate di includere comunque la situazione, le vostre sensazioni fisiche, i vostri pensieri e le vostre emozioni.

<u>Il respiro calmante</u>

Nonostante questa pratica vi richieda, a differenza della mindfulness e del diario minduful, di apportare dei cambiamenti (in questo caso al vostro respiro) consentitevi comunque di porvi in una modalità mindful e quindi con un atteggiamento non giudicante, gentile, che parte sempre dal terreno fertile dell' accettazione incondizionata di voi stessi e di quello che state vivendo e provando.

Ora guardiamo da vicino questa pratica…

…Immaginate che tutto il vostro mondo interno, che include tutte le vostre sensazioni corporee, le vostre emozioni e i vostri pensieri sia rappresentato da un orchestra. Più questa orchestra è agitata e più aumenta la velocità a cui suona.

E ora immaginatevi di essere il direttore d'orchestra che ha il compito di dirigerla rallentandone la velocità d'esecuzione. Per fare questo non avete bisogno delle classiche bacchette, ma solo del tocco gentile del palmo di una vostra mano appoggiato sulla pancia.

Ora entriamo nel dettaglio di questa pratica: osservate lo schema seguente e leggete le istruzioni…

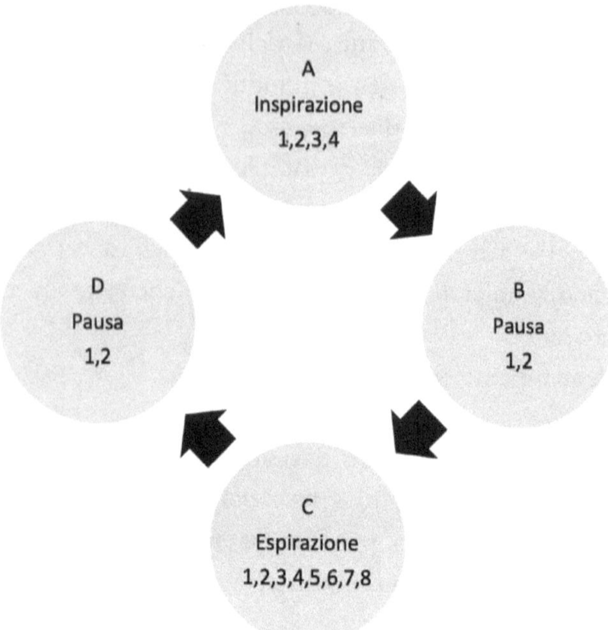


Per effettuate questa pratica state seduti comodi e con la schiena dritta ma non rigida, tenete le piante dei piedi ben appoggiate a terra e posate delicatamente una mano sull'addome, all'altezza circa dell'ombelico, in modo da sentirne il leggero movimento in avanti durante l'inspirazione e indietro durante l'espirazione.

Per quanto riguarda la durata delle varie fasi (A,B,C,D): Nel disegno il rapporto è 2-1-4-1 (in questo caso 4 secondi inspirazione, 2 secondi pausa, 8 secondi espirazione, 2 secondi pausa. Se vi trovate bene, mantenete pure queste durate. In caso contrario, se avete la sensazione che il ciclo sia troppo lento o troppo veloce, è possibile apportare le modifiche che volete mantenendo all'incirca il rapporto tra le varie fasi di (2-1-4-1).

*Le due pause devono durare quasi la metà dell'inspirazione e l'espirazione deve durare quasi il doppio dell'inspirazione.*

Respirate in questo modo per qualche minuto, fino a che non sentite che la vostra orchestra interna ha rallentato a sufficienza il suo ritmo, dopo di che, potete godervi la calma e lasciare che il vostro respiro torni gradualmente al proprio ritmo naturale.

Questa pratica può esservi utile per calmarvi, per ricentrarvi sia fisicamente che psicologicamente e anche per interrompere la tendenza all'iperventilazione tipica delle crisi d'ansia e degli attacchi di panico:

*respirando in modo corretto è impossibile che l'attacco di panico vero e proprio prenda piede.*

Trovare la durata adatta a voi delle varie fasi, sempre mantenendo all'incirca il rapporto (2-1-4-1), consente di equilibrare i livelli di ossigeno e anidride carbonica nel sangue e di riprendere conseguentemente lucidità e presenza. Fate qualche prova fino a che non trovate il ritmo e le durate giuste per voi tenendo conto che: se nel provare vi girerà un po' la testa, significa che state respirando o troppo velocemente e superficialmente o troppo lentamente e profondamente; fate i vari aggiustamenti del caso.

Se avete deciso di sperimentare questa pratica fate quindi le vostre prove, vedete come va, e una volta trovate le durate che fanno al caso vostro scrivetele nello schema che segue.

<u>Il mio respiro calmante:</u> inserisci nello schema le durate di ogni fase che senti essere più adatte a te.

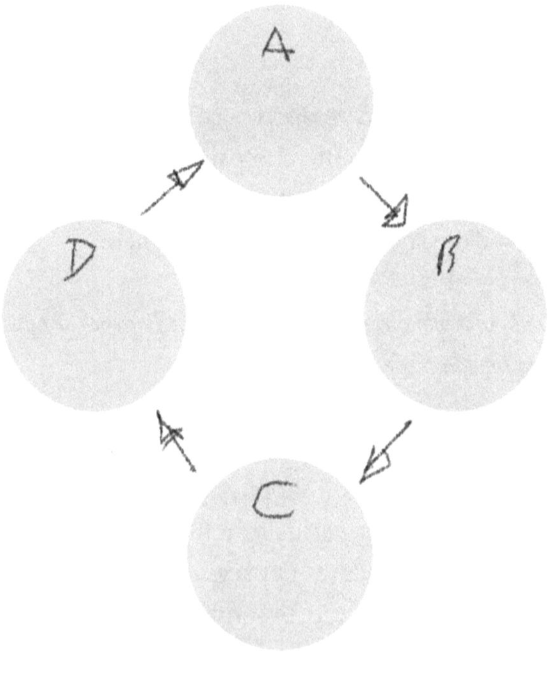


***

Il rilassamento neuromuscolare progressivo

Anche in questo caso ci approcciamo a quest'esperienza in modo mindful, senza sforzarci di arrivare a raggiungere un qualche stato particolare, ma solo con la curiosità di chi fa un esperimento ed è aperto ad accoglierne qualunque esito.

Questa pratica coinvolge attivamente il corpo ed è un modo utile per imparare a riconoscere e a rilasciare la tensione muscolare e lo stato emotivo che la genera e la accompagna.

Se volete provare il rilassamento neuromuscolare progressivo andate a questo indirizzo:

https://ilcentrodelse.it/volare/

La password è: volare

La traccia audio è pensata per poter essere fatta sia da sdraiati che da seduti, in modo da poter essere praticata anche a bordo dell'aereo, qualora lo voleste.

Ma ora torniamo al nostro viaggio, è tempo di preparare le valigie…

# Preparare le valigie

Preparare le valigie può essere un vero e proprio rituale, se poi dobbiamo affrontare un volo per un lungo viaggio lo è ancora di più. Si tratta di scegliere cosa portare con noi, quelle cose che sentiamo essere importanti, essenziali e lasciare a casa tutto il superfluo. Fare una cernita è sempre potenzialmente un momento di confronto e di riflessione e anche se apparentemente può sembrare semplice, in realtà non è così scontato che lo sia, nemmeno quando la facciamo per preparare le valigie.

Viaggiare con un bagaglio troppo leggero, in cui mancano cose essenziali, può farci sentire insicuri e anche crearci diversi disagi ma d'altro canto anche viaggiare con un bagaglio troppo pesante è sconveniente, può farci sentire come se avessimo una palla al piede inutile e pesante da trascinare. E così potremmo ritrovarci a fare "la valigia dell'ansioso", quella che pesa 200 kg ed è piena di superfluo perché *non si sa mai che…*, oppure "quella dello sprovveduto" che è troppo leggera perché carente di ciò che è essenziale (questo vale sia per i viaggi che nella vita).

Rispetto ai viaggi, credo che un bagaglio fatto con senso pratico, ma senza trascurare la dimensione emotivo/affettiva sia di grande importanza. Infatti, nella nostra valigia ci finirà anche ciò che di casa porteremo con noi e questo è un aspetto da curare con attenzione, a maggior ragione se abbiamo paura di volare.

Non è neanche da trascurare come distribuiremo ciò che andrà nei vari bagagli e cioè come scegliere quello che finirà nel bagaglio di stiva e quello che invece finirà nel bagaglio a mano, che porteremo con noi in cabina e ci sarà sempre accessibile per tutta la durata del volo.

Personalmente preferisco portare con me quasi solo lo stretto essenziale nel bagaglio di stiva e lasciarne metà o almeno un terzo vuoto, in modo da poterlo riempire con tutto ciò che troverò di interessante durante il viaggio…

*abbiamo sempre bisogno di fare spazio per accogliere quello che potrà arrivare.*

Per la scelta dei vestiti non mi baso solo su aspetti pratici come la leggerezza o la pesantezza, ma anche sul valore affettivo che quei capi hanno per me. Mi piace portare con me quelli a cui sono affezionato e che mi ricordano qualcosa di significativo della mia storia, delle esperienze che ho vissuto, quelli che hanno un valore simbolico; perché non ci vestiamo solo di tessuti ma anche di significati.

Il bagaglio a mano è molto importante, in quanto l'avremo sempre a disposizione durante il viaggio e quindi dovrà contenere tutte quelle cose che pensiamo potranno servirci lungo il tragitto. Io di solito ci metto almeno un libro a cui sono particolarmente legato e che sento favorire in me un senso di tranquillità, fiducia e apertura, un paio di farmaci che potrebbero servirmi, una bottiglietta d'acqua, una rivista di enigmistica per distrarmi e ingannare il tempo, qualche snack per spezzare la fame e viziarmi un po' durante il volo e la guida di viaggio del posto che sto per raggiungere.

La guida non manca mai, il motivo principale della sua presenza è che rende ancora più bella l'attesa, mi fa pregustare l'arrivo e mi ricorda anche per quale motivo mi ritrovo sparato quasi a 1000 km/h a 12000 metri di altezza in una sorta di tubo metallico pressurizzato; mi ricorda qual' è il vero motore che mi sta facendo volare, che viene ben prima dei turbofan dell'aereo: *la spinta motivazionale* che ci sta sotto.

Poi porto sempre con me una felpa morbida e calda col cappuccio, generalmente è un capo che ho preso durante qualche viaggio precedente, oppure che ho acquistato proprio in vista di quella partenza; sarà lei a scaldarmi e a coccolarmi in caso l'aria condizionata fosse troppo fredda (evenienza tutt'altro che rara).

Non possono poi mai mancare un paio di cuffie per ascoltare la musica, fondamentali per quanto mi riguarda. Anche in questo caso vale lo stesso principio: porto con me tutta quella musica che ha un valore simbolico e affettivo importante, quei brani e quegli artisti che mi toccano il cuore (naturalmente nelle mie playlist ci sono anche i Queen).

Il bagaglio a mano prende così la forma di un vero e proprio "kit di sopravvivenza" e di divertimento in volo che è sempre disponibile. Metteteci dentro tutto ciò di cui potreste aver bisogno (nei limiti naturalmente) e se sentite che per voi può avere senso, non dimenticate di portare con voi anche un oggetto speciale, una sorta di oggetto transazionale[17], *la vostra di coperta di Linus*, qualcosa in grado facilitarvi nel farvi sentire a casa e al sicuro ovunque voi siate, cielo compreso. Potrebbe essere un oggetto, la fotografia di una persona cara, qualsiasi cosa…Ci sono alcuni psicologi che non la pensano come me, che credono che questi oggetti potrebbero poi farvi diventare dipendenti e farvi pensare qualcosa del tipo "senza quello non parto", io non la penso così e credo che abbiamo il diritto di fare tutto ciò che ci può aiutare che non abbia effetti collaterali e non è affatto detto che il vostro oggetto transazionale abbia l'effetto collaterale di farvi diventare dipendenti. Anche perché non ha poteri magici, non è lì che troverete la forza, nell'oggetto, ma quell'oggetto potrà avere, grazie al significato simbolico che riveste per voi, la capacità di facilitarvi nel farvi entrare in contatto con quella forza, quella speranza e quella fiducia che già risiedono nel vostro cuore e che *sono sempre state lì*.

Non dimentichiamoci quindi che i nostri bagagli rappresentano simbolicamente anche i pezzi di casa che decidiamo di portare con noi e che nelle valigie ci finisce anche la nostra storia di vita.
Ah, mi raccomando, se le quattro pratiche che abbiamo visto insieme nel paragrafo precedente vi sono piaciute, non dimenticatevi di mettere anche quelle nel vostro bagaglio a mano! Le preoccupazioni varie invece

---

[17] Termine coniato dal pediatra e psicanalista inglese Donald Winnicott

lasciatele pure a terra, quelle sarebbero solo un peso inutile…

# IL GIORNO DELLA PARTENZA

*"La persona che parte per un viaggio,
non è la stessa persona che torna."*
(proverbio cinese)

# Svegliarsi nel cuore della notte

Se abbiamo potuto o voluto sfruttare al massimo i giorni dedicati al nostro viaggio non è raro che il volo che abbiamo prenotato parta ad un orario tale da costringerci a svegliarci in orari improbabili, come ad esempio alle quattro o alle cinque del mattino.

Nel migliore dei casi ci svegliamo un po'rimbambiti ed elettrizzati allo stesso tempo, nel peggiore non abbiamo neanche bisogno di svegliarci perché abbiamo passato tutta la notte in bianco. Che poi non è detto che questo sia un male, non dimentichiamoci infatti che anche le cose belle che ci attivano tanto emotivamente possono tenerci svegli, perché anche la fiamma accesa del desiderio e dell'entusiasmo può toglierci il sonno; il fatto è che quando siamo concentrati sulla paura e sull'ansia spesso ce lo dimentichiamo e tendiamo a leggere tutto, ogni nostra attivazione, come il segnale di qualcosa che non va.

Personalmente mi sono accorto che per dormire bene mi è sempre stato molto utile preparare i bagagli e tutto l'occorrente per il check-in il giorno prima o prima di coricarmi e, al risveglio, fare una *doccia mindful* (alla fine di questo paragrafo potrete trovare le indicazioni per come fare una doccia mindful).

Se il volo parte davvero prestissimo, come alle due o alle tre di notte, preferisco vivere il rituale della doccia prima di andare a letto, mi facilita il rilassamento e la riappacificazione con eventuali emozioni contrastanti.

Se invece ho maggiore agio perché si parte più tardi, apprezzo molto il rituale della doccia mindful al risveglio, è una pratica che mi rilassa e al tempo stesso mi sveglia predisponendomi ad affrontare bene la giornata.

Il momento dell'uscita di casa, che nel mio caso è avvenuto quasi sempre nel cuore della notte, è un momento di commiato, di distacco, quasi un'evasione segreta favorita dall'oscurità che contribuisce ulteriormente a renderlo un momento magico. È come se sentissi di abbandonare qualcosa…la casa, da lì in poi, diverrà uno spazio e un tempo che continuerà ad esistere nei giorni in cui non ci saremo, ma esisterà in modo diverso, silenzioso, paziente e rimarrà lì come ad attendere il nostro ritorno.

È un momento quasi furtivo perché è come abbandonare nel buio il mondo del famigliare per scivolare nel mondo del nuovo, dello sconosciuto, dell'inesplorato, del misterioso che attira e inquieta al tempo stesso. E chi rimane a casa, come i nostri familiari, amici, vicini di casa, si accorge della nostra assenza solo con l'arrivo del giorno; si sveglia e noi non siamo più lì, senza che nessuno se ne accorgesse siamo partiti, evasi, fuggiti e magari ci troviamo già a 12000 metri d'altezza diretti dall'altra parte del mondo, viaggiando anche nel tempo oltre che nello spazio. Insomma, a tutti gli effetti finiamo per entrare in una dimensione altra.

Oltre alle immagini di quelle notti di partenza, ho vivido anche il ricordo del suono di quelle stesse nottate. In particolare quello del momento appena successivo a quando, con le valigie di fronte a me, chiudo la porta di casa che sta alle mie spalle e mi accingo a camminare per il piccolo viottolo piastrellato che mi porta verso la macchina: in quel momento il silenzio della notte è solcato dal suono delle rotelle delle valigie che scorrono sul pavimento e attraversano la quiete notturna allo stesso modo in cui un aereo può attraversare il cielo solcandolo con la scia e il suono dei propri motori.

Una volta caricati i bagagli in macchina, si parte.


<u>Pratica della doccia mindful</u>

Sei lì, sotto il getto d'acqua bollente mentre il box doccia si riempie di vapore. Hai l'occasione per un momento di intimità con te stesso.

Ma la tua mente nel frattempo cosa fa? Continua a vagare. Non che ci sia qualcosa di male in questo. Anzi, a volte lasciando vagare la mente in un momento di relax può succedere di avere all'improvviso idee interessanti e di trovare anche soluzioni originali a qualche problema.

Spesso però, quando non siamo rilassati, la nostra mente più che vagare liberamente si mette a rimuginare su cose passate, oppure a proiettare film ansiogeni di cose che potrebbero avvenire nel futuro.

Non sarebbe molto meglio fare la doccia in modo consapevole? Come?


Ecco la mindfulness della doccia…

*Concentrati sul corpo e sulle sensazioni…senti il getto sulla testa e sulle spalle…l'acqua e il vapore (se stai facendo una doccia calda) che ti avvolgono…*

*…ascolta il rumore che fa l'acqua che esce dal soffione, rimbalza sul tuo corpo e poi finisce sul piatto della doccia e da lì nello scarico…*

*…metti un po' di bagnoschiuma sul palmo della mano e assaporane il profumo e la consistenza prima di passarlo sulla pelle massaggiandone con cura ogni centimetro e senti le sensazioni del sapone sulla pelle…*

*…lascia andare ogni tensione mentre l'acqua scorre sul tuo corpo e se la mente ti distrae con qualche pensiero, riportale gentilmente ad osservare le sensazioni del corpo, porta con gentilezza l'attenzione ai tuoi sensi…*

Prima di finire la doccia, se stai per iniziare la tua giornata, volendo puoi concludere l'esperienza con un getto di acqua fredda sulla testa. Avere il corpo caldo e la testa fresca è generalmente una condizione che favorisce il rilassamento vigile, quello che unisce la calma con la lucidità. Se ti va, prova e vedi com'è per te.

Fare la doccia in questo modo non vuol dire necessariamente metterci più tempo, ci puoi mettere esattamente lo stesso tempo che impieghi normalmente, solo che invece di ascoltare le trasmissioni confuse di "radio mente" (tutti i pensieri talvolta anche ansiogeni che ti possono affollare la mente) ti concentri su quello che stai effettivamente facendo e provando nel *qui e ora.*

Si tratta di entrare in contatto con la *mente sensoriale,* cioè con le sensazioni, di notarle con apertura e consapevolezza, lasciando così sullo sfondo il chiacchiericcio della *mente pensante.*

Se lo desideri, puoi mettere anche una leggera musica rilassante di sottofondo; si trovano delle tracce gratuite molto belle sia su spotify che su youtube.

# L'aeroporto

Se siamo arrivati in aeroporto significa che abbiamo superato la parte più pericolosa del nostro viaggio in aereo: il viaggio in macchina[18].

Perché nonostante questo sia un dato di fatto inconfutabile e sostenuto empiricamente da una marea di dati statistici, la nostra parte emotiva parla un linguaggio altro rispetto a quello della logica del raziocinio, di conseguenza non riesce a servirsi molto di queste spiegazioni per tranquillizzarsi. Il più delle volte capiamo che le cose stanno effettivamente così ma nonostante questo la paura rimane, o cala solo in piccola parte; è come se quella parte emotiva di noi fosse quasi impermeabile ad ogni argomentazione logico-scientifica. Questo accade in buona parte proprio a causa di quelli che in precedenza abbiamo chiamato i *fantasmi creati dalla mente*, quelli che proiettiamo sull'aereo e sul volo, che in realtà nulla hanno a che fare tutto ciò, ma che possiamo prendere comunque per assolutamente veri.

In ogni caso, è comunque importante prendere atto del fatto che d'ora in poi, se siamo in aeroporto, statisticamente è tutto in discesa per quanto riguarda il livello di rischio che *realmente* corriamo.

A proposito del viaggio per raggiungere l'aeroporto: tra le altre cose è facile essere assaliti da quella che io chiamo la sindrome da "Kevin!". Si, anche in questo caso faccio

---

[18] O eventualmente il viaggio in treno che seppur meno rischioso della macchina è statisticamente meno sicuro di quello in aereo.

riferimento a "Mamma ho perso l'aereo". Se avete visto il film, magari ricorderete il momento in cui la madre ha quella vaga sensazione di aver dimenticato qualcosa a casa, senza però riuscire a realizzare cosa. Proprio durante il volo le vengono in mente varie ipotesi che poi vengono disconfermate dal marito che la rassicura dicendole qualcosa del tipo "non c'è niente di cui preoccuparsi…". Arrivata a destinazione, nel momento in cui deve ritirare i bagagli al nastro trasportatore, ne afferra uno del figlio più piccolo ed è precisamente in quell'istante che realizza di averlo dimenticato a casa. A quel punto sgrana gli occhi e urla stizzita il suo nome: "Kevin!" dopo di che sviene crollando a terra. Di certo non possiamo dire che questa mamma fosse mindful quel giorno e nemmeno che avesse portato con sé l'essenziale! Ecco, il viaggio in macchina è per me qualcosa di simile, nel senso che è un momento in cui si affaccia spesso alla mia mente la sensazione o il dubbio di aver dimenticato qualcosa. Devo dire che spesso effettivamente è così, dimentico qualcosa, ma questo mi diverte anche. Non si tratta di grandi dimenticanze ma di alcune cose che poi mi costringono una volta arrivato a destinazione a rinnovare qualche accessorio o qualche capo d'abbigliamento. Vi dirò che non è poi così male e sinceramente inizio a pensare di farlo inconsciamente apposta. Alla fine, pensandoci, per me è sempre stato divertente e stimolante avere qualche piccolo disagio, contribuisce a farmi provare quel senso dell'avventura che mi ha sempre affascinato fin da piccolo.

Prima dicevo che terminato il viaggio in macchina abbiamo superato paradossalmente anche la parte più pericolosa del viaggio in aereo. In effetti, però, devo essere onesto e dirvi che le cose in realtà non stanno proprio così perché, a meno che abbiate prenotato un parcheggio all'interno dell'aeroporto, vi aspetta una cosa ancora più pericolosa del viaggio in macchina: il transfert con la navetta del parcheggio che da lì vi porterà all'aeroporto. Non so quali siano i criteri con cui assumono questi autisti, ma per la grandissima maggioranza delle volte ho riscontrato uno stile di guida a dir poco aggressivo, una modalità quasi da pista o, se vogliamo, anche da pronto intervento! In ogni caso, se abbiamo la fortuna di arrivare sani e salvi in aeroporto sappiamo che il peggio del peggio è passato.

## Saranno mica tutti pazzi questi?!

Ora iniziamo ad addentrarci nella vera e propria anticamera del volo ed entriamo in aeroporto: le porte di vetro scorrevoli si aprono e ci ritroviamo in un luogo che Marc Augè[19] definirebbe un *Nonluogo*[20], ovvero un luogo di passaggio, dove si transita e nulla più, un punto temporaneo da cui partono e arrivano infinite vite e infinite storie che passando niente lasciano di sé, se non il suono dei propri passi e del trascinamento delle valigie

---

[19] Antropologo, etnologo, scrittore e filosofo francese contemporaneo.

[20] Termine utilizzato per indicare tutti quegli spazi che hanno la prerogativa di non essere identitari, relazionali e storici.

sul pavimento, che va perdendosi sfumando in lontananza.

Uno degli effetti che mi ha sempre fatto l'aeroporto durante il periodo in cui avevo paura di volare era quello di normalizzare ai mei occhi l'esperienza del volo. Nel senso che vedere così tante persone appena atterrate o in procinto di partire, vedere così tanti aerei che incessantemente uno dopo l'altro staccavano le ruote da terra, mentre altrettanti le avevano appena appoggiate al suolo, mi faceva vivere l'esperienza del volo come incredibilmente ordinaria.

Percepire qualcosa che nella nostra mente è sempre stato visto come straordinario e rischioso, come invece qualcosa di ordinario, normale e sicuro, rappresenta un capovolgimento di prospettiva rivoluzionario.

Ricordo che pensavo qualcosa del tipo: "ma non saranno mica tutti in preda alla pulsione di morte di freudiana memoria tutti questi che salgono sull'aereo!?" – "Piloti e assistenti di volo non avranno mica tutti quanti inconsapevoli spinte suicide che li portano a fare questo lavoro?!" (piccole paranoiche deformazioni professionali queste…). E ancora: "Questi genitori che si imbarcano con i loro figlioletti piccoli, non credo non tengano alla loro vita, oltre che alla propria!" – "Se ce la fanno anche questi bambini e queste persone anziane perché non dovrei farcela io a salire su un aereo?!".

Pian piano, osservando gli altri passeggeri, iniziava a farsi strada in me l'idea che la paura derivasse dalla *percezione distorta* che io avevo sia della situazione che di me stesso, più che dalle *reali caratteristiche* mie e della situazione.

Guardarmi attorno in aeroporto e vedere altre persone di fronte alla medesima situazione, percepita e vissuta da me come minacciosa, viverla in modo rilassato e naturale, mi ha aiutato molto a ridimensionare e a relativizzare il mio punto di vista.

***

<u>Imbarcare le valigie</u>

Dopo aver osservato gli abitanti provvisori di questo *non luogo* ed esserci orientati un minimo, andiamo alla ricerca del banco di check-in della nostra compagnia aerea. Presentiamo i documenti all'addetto del personale di terra e arriviamo così ad un'altra tappa fondamentale della nostra impresa: il momento in cui imbarchiamo le valigie di stiva.

L'addetto le pesa, stampa l'etichetta di destinazione da appiccicargli sopra e poi le mette sul nastro trasportatore che le condurrà verso la pista, mentre noi le vediamo gradualmente scomparire dalla nostra vista. Questo può rappresentare un momento di distacco significativo, un momento in cui qualcosa di nostro, che contiene e simbolizza buona parte di ciò che di casa abbiamo scelto di portarci dietro, se ne va, parte; l'abbiamo affidato a qualcuno che avrà il compito di prendersene cura e di fare in modo che ci segua, magari anche attraverso i vari scali che faremo.

Qui, l'ansia potrebbe venire a farci una visitina sia per il valore simbolico che rappresenta questo distacco che per la preoccupazione concreta che le nostre cose possano andare perse o rubate. (A proposito di disagi divertenti: una volta a me e Claudia è capitato che le nostre valigie andassero smarrite per i primi due giorni dal nostro arrivo; in attesa che ci recapitassero il bagaglio in hotel è stato divertente dover indossare un pezzo di pigiama andando in giro per Seattle…neanche a farlo apposta eravamo in perfetto stile grunge![21]).

Per entrambi questi motivi trovo importantissimo avere tutto lo stretto necessario nel nostro bagaglio a mano, perché quello sarà sempre con noi sia in cabina che all'arrivo a destinazione.

Lasciate le nostre valigie al loro destino, è il momento di incamminarsi verso il gate del volo.

***

<u>Tu mangi qualcosa?</u>

Se il nostro stomaco non è troppo sottosopra possiamo prenderci una pausa per una buona colazione; la possiamo fare prima di entrare nel gate, oppure dopo. Io generalmente preferisco farla direttamente nel gate, dopo che ho già passato i controlli di sicurezza, in modo che non mi resti altro da fare che quello, andare in bagno e comprare qualcosa in uno shop: di solito prendo una

---

[21] Il grunge (chiamato anche Seattle sound) è il termine con cui si designa un genere di musica rock (in particolare alternative rock), prodotto principalmente nello stato di Washington degli Stati Uniti d'America, in particolare nella città di Seattle, a partire dalla seconda metà degli anni ottanta. I Nirvana ne sono stati il simbolo.

rivista, uno snack, delle caramelle o delle chewing-gum e una bottiglietta d'acqua.

Il mio consiglio è di fare colazione solo se ce la sentiamo e in caso che non sia né troppo pesante né troppo stimolante. Se non siete particolarmente sensibili alla caffeina e vi piace il caffè non trovo controindicazioni rispetto al bersi un buon cappuccino o un espresso. Se invece sapete di avere una certa sensibilità, potrete sempre optare per una versione decaffeinata o per altro. In ogni caso, se non avete fame al momento della colazione, non sforzatevi, ma assicuratevi di portare con voi qualcosa da mangiare in volo perché certe compagnie aeree attendono anche parecchio prima di portare qualcosa da stuzzicare e potreste avere fame prima del previsto. Uno snack di vostro gradimento, magari con un sapore familiare che associate a momenti belli della vostra vita vi farà un'ottima compagnia in volo.

*** 

Il paradosso della sicurezza
Prima dicevo che per raggiungere il gate dovremo passare per i controlli di sicurezza. Questo è un momento che può potenzialmente generare un po' di ansia perché porta con sé una grande ambivalenza, in quanto, come dicevo più indietro, se da un lato i controlli ci fanno sentire più sicuri e protetti, dall'altro, la loro stessa presenza rappresenta la concreta testimonianza dell'esistenza di una possibile minaccia. Se così non fosse, i controlli stessi non avrebbero senso d'esistere.

Questo è il *paradosso* e l'ambivalenza di ogni dispositivo di sicurezza, ovvero: nel proteggerci ci inocula subliminalmente anche la realtà della possibile presenza della minaccia. Attenzione però, ho detto la realtà della *possibile* presenza della minaccia, non dell'inevitabile certezza che la minaccia sia presente. Al giorno d'oggi, naturalmente, dopo l'11 settembre 2001 la minaccia che sentiamo in questo contesto è data dalla possibilità di un attacco terroristico a terra o in volo.

Passati i necessari e *ambivalenti* controlli di sicurezza potremo rilassarci e distrarci curiosando nei *duty free*, magari anche facendo qualche piccolo acquisto di nostro gradimento.

***

Guardando l'aereo

All'arrivo al gate di imbarco vado sempre a guardare l'aereo alla vetrata, è un momento speciale per me, ormai divenuto un vero e proprio rituale. Da quando ho ripreso a volare Claudia non manca mai di farmi una foto mentre di spalle osservo l'aereo su cui ci imbarcheremo. I primi anni lo scatto mi coglieva sempre alla sprovvista, senza che me ne rendessi conto, ora invece a volte riesco a beccarla mentre sta per farmela.

Quello è un momento topico e per me irrinunciabile. Da lì in poi quello che vedo non è solo un aereo, ma è il mio aereo, il nostro aereo; tutti gli altri sono altra cosa, da quel momento è come se avesse un nome e fosse visto da me nella sua soggettività. In quegli attimi mentre lo guardo mi immagino la sua storia, quali terre ha toccato, quanti anni sono che solca i cieli del mondo, quante persone, storie, sogni ha trasportato e immagino me stesso al suo interno sapendo che per un po' di tempo diverrà anche la mia casa, che condividerò con la mia compagna e con tante altre persone accumunate a noi dallo stesso destino, perlomeno in quelle ore di vita che condivideremo in volo.

Penso sia importante riuscire a guardare l'aereo con un duplice sguardo: se da un lato quello per noi non è solo un aereo, ma *il nostro aereo* e questa sua soggettività ci consente di entrare maggiormente in sintonia con ciò che rappresenta simbolicamente ai nostri occhi, è comunque fondamentale che ci ricordiamo anche che, allo stesso tempo, è solo *uno dei tanti aerei* che ogni giorno partono e arrivano e poi ripartono ancora.

Perché è importante quest'ultimo aspetto?

Perché a volte abbiamo una forma di pensiero particolare, tale per cui se le cose riguardano gli altri tendiamo a pensare che andranno sicuramente bene, se invece le stesse cose riguardano noi, ci immaginiamo che sicuramente qualcosa andrà storto (spesso avviene anche il contrario, ma per la mia esperienza più in altri contesti). Per molte persone è scontato che se un proprio amico prende un aereo non gli accadrà nulla di male e che tutto andrà bene, ma quella stessa prospettiva fiduciosa non è disponibile se al posto dell'amico è lui stesso a dover partire. Oppure, capita spesso anche che una persona che ha paura dell'aereo ordini un oggetto da un luogo lontano e non pensi assolutamente che potrebbe non arrivargli per via di un incidente aereo, viene dato per scontato che arriverà perché si sa che ogni giorno migliaia di aerei trasportano la merce in tutto il mondo.

E che differenza c'è tra voi e il vostro amico, tra voi e un oggetto che arriva da lontano? Anche voi al pari di quest'ultimi sarete semplicemente trasportati dal punto A al punto B dal mezzo più sicuro al mondo.

Per questo vi invito a pensare al vostro aereo anche come a uno dei tanti.

***

L'atto di fiducia

Salendo a bordo dell'aereo sappiamo che ci affideremo anche a lui, all'aereo oltre che ai piloti e al personale di volo, agli ingegneri che lo hanno progettato, ai meccanici che si occupano della sua manutenzione, fino ai controllori di volo che ne regolarizzano il traffico sia a terra che in aria.

Dobbiamo tenere conto del fatto che...

*Salire su un aereo è sempre un atto di fiducia e va inevitabilmente a toccare il nostro rapporto con la fiducia negli altri, nel mondo e in noi stessi.*

Se ci pensiamo bene, molte cose si basano su veri e propri atti di fiducia, come ad esempio: guidare una macchina, attraversare una galleria, un ponte, anche abitare in una casa, etc... Poter vivere ognuna di queste cose richiede di fidarci di qualcuno: di chi ha progettato l'auto (e anche degli altri guidatori), di chi ha progettato la galleria, il ponte e la casa in cui viviamo, etc…e richiede anche e soprattutto che ci fidiamo di noi stessi. Il fatto è che certe cose sono diventate ormai così familiari che perlopiù non ci facciamo caso e inoltre siamo portati a pensare che se qualcosa va storto c'è sempre qualche possibilità di cavarsela, mentre se questo accade in aereo le possibilità sono pari a zero.

In realtà le cose non stanno proprio così, nel senso che la stragrande maggioranza dei problemi che si possono verificare in volo sono risolvibili; l'ingegneria aeronautica ha raggiunto livelli di tecnologia e di sicurezza incredibili e inimmaginabili, tant'è che perché avvenga un incidente aereo è stato appurato che deve crearsi una combinazione di almeno cinque concause che si debbono verificare in contemporanea. Cosa possibile si, ma *altissimamente improbabile*, come vedremo tra poco dalle statistiche.

***

Torniamo al nostro gate: dopo un'attesa più o meno lunga viene aperto l'imbarco: in questo momento guardo sempre le persone che condivideranno con me il volo e anche in questo caso, come prima con l'aereo, mi immagino la loro storia, cosa li porta ad essere lì in quel momento ed è strano vedere a volte come la mia partenza coincida con il ritorno di qualcun'altro, oppure, vedere come per qualcuno quella partenza rappresenti il sogno di un viaggio tanto desiderato che finalmente si realizza e per qualcun altro ancora, invece, sia semplicemente un routinario spostamento lavorativo apparentemente scevro da qualsivoglia trasporto emotivo.

Passiamo l'ultimo controllo prima dell'imbarco e via, ci ritroviamo o nel corridoio che ci porta direttamente sull'aereo o nel bus che ci porta sulla pista. Nel giro di poco ci siamo, stiamo per salire a bordo.

# SULL'AEREO

*"Vola solo chi osa farlo."* [22]

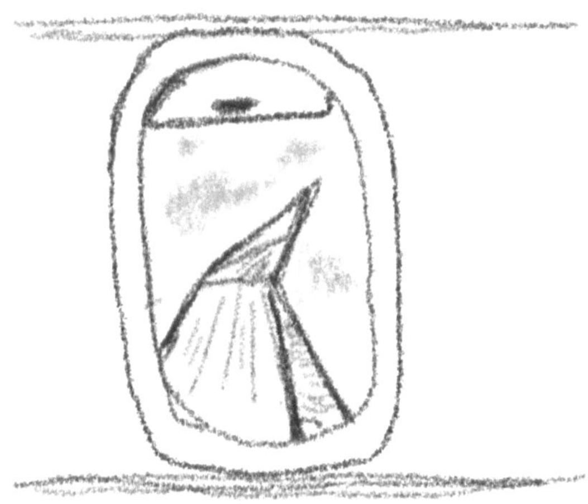

---

[22] Tratto da "La storia di una gabbianella e del gatto che le insegnò a volare" di Luis Sepulveda 1996.

# Benvenuti a bordo

Per imbarcarvi, a seconda delle compagnie aeree e degli aeroporti, vi troverete a salire su un bus[23] che vi lascerà di fronte a quello che sarà il vostro aereo, oppure potrete salire a bordo direttamente dall'aeroporto attraverso il *finger*, che è una sorta di corridoio mobile chiuso che collega il *gate* all'aereo e consente ai passeggeri di salire e scendere dal mezzo in maniera più rapida rispetto alle scalette. Il *finger* è la soluzione che mi piace di più: mentre cammino al suo interno e sento il suono dei miei passi rimbombare accompagnato dallo scorrimento delle ruote della valigia dietro di me, mi sembra di percorrere un ponte spaziotemporale degno dei migliori film di fantascienza. Il mio camminare è già sospeso nell'aria, in quanto il *finger* stesso è posizionato a mezz'aria e so che la fine di quel tunnel foderato di moquette mi porterà all'entrata di quella sorta di capsula tecnologica che sfida il tempo e lo spazio.

Mentre cammino so che i miei piedi, che come me si trovano in una specie di limbo, stanno toccando un suolo "nonsuolo" e che la prossima volta che toccheranno effettivamente terra sarà la terra di un altro paese, di un altro luogo, sarà una terra con un'altra storia e nel toccarla io stesso scriverò con i miei passi un altro pezzo di storia della mia vita; questo per me è meraviglioso.

---

[23] Talvolta al posto del bus certe compagnie *low cost* fanno fare ai passeggeri una piccola "passeggiata".

Addio o arrivederci?

Partire è sempre salutare la nostra terra per scoprirne di nuove e ogni volta che la salutiamo non possiamo sapere se sarà un *addio* o un *arrivederci*.

Perché dico così? Perché parlo anche di addio? Non dovrei forse aiutarvi a gestire meglio la paura del volo? Sto invece buttando benzina sul fuoco cercando di spaventarvi e facendovi intendere che salendo su un aereo potreste anche perdere la vostra vita?

No, non è questo il mio intento, ma parlo di addio perché è reale il fatto che l'addio possa essere una delle tante possibilità, non dobbiamo negarlo, dobbiamo esserne coscienti. Ma ricordiamoci che

*possibile non significa probabile e tanto meno certo.*

Poi, nel caso specifico del volare in aereo, questa possibilità è davvero infinitesimale: l'università di Harward ha stimato che la probabilità di morire in un incidente aereo è di *1 su 11 milioni*, eppure molte persone sono convinte che salendo su un aereo perderanno la loro vita.

Mi chiedo se sarebbero invece così sicure che possa verificarsi qualcosa che, seppur improbabile, ha in realtà molte più probabilità di verificarsi. Facciamo qualche esempio:

-Probabilità di morire in un incidente stradale: 1 su 5000
-Probabilità di morire per essere colpiti da un fulmine: 1 su 3000

-Probabilità di morire per un attacco di squalo: 1 su 3000

Oppure, sareste così sicuri di fare 14 al totocalcio con una giocata? Non credo lo sareste e considerate che la probabilità di vincita in questo caso è di molto superiore alla probabilità di morire in aereo, parliamo di 1 possibilità su 4 milioni e mezzo circa (rispetto a 1 su 11 milioni).

Ma poi, proviamo a pensarci:

*quante volte il nostro partire può essere un addio nella nostra quotidianità? Sempre...*

...ogni volta che usciamo di casa in macchina, a piedi, in bici e diciamo "ciao, ci vediamo dopo".
Solo che perlopiù non ci pensiamo perché anche quelle circostanze sono divenute ormai familiari e si prestano meno, rispetto alla situazione del volo, a fungere da ricettacolo simbolico delle proiezioni dei nostri fantasmi mentali e delle nostre paure profonde.
La cosa che molti di noi fanno fatica ad accettare è che

*vivere ci espone inevitabilmente ad ogni rischio*

e quindi anche al rischio della morte, che è l'unica certezza che abbiamo. Sappiamo che prima o poi il nostro tempo (per lo meno terreno) avrà fine, il punto è se vogliamo goderci il viaggio nel frattempo, oppure sprecarlo rimanendo intrappolati nell'angoscia data dal fatto che prima o poi il nostro viaggio finirà. In questo ultimo caso avviene che

*la paura della morte finisce per essere a tutti gli effetti paura della vita*

perché essere vivi ci espone inevitabilmente alla possibilità e alla certezza che prima o poi non lo saremo più.

*Avere paura della morte significa sempre e inevitabilmente avere paura della vita.*

Non si possono separare questi due aspetti, sono come le due facce della stessa medaglia...

***

Eravamo rimasti al *finger*: appena prima di salire e varcare la fatidica soglia, proprio nel punto in cui la parte morbida del *finger*, che sembra il mantice ripiegato di una fisarmonica, bacia la fusoliera dell'aereo, ho un mio piccolo rituale.
Non lo faccio sempre, perché non mi va che possa diventare poi una specie di superstizione, ma spesso[24]. Quale? Non ve lo dico, altrimenti perde il suo potere

---

[24] In tutta sincerità devo confessarvi che quando non l'ho fatto, le cose sono andate bene lo stesso.

"magico" e poi abbiamo già detto che è meglio non sapere troppo…

Sulla fatidica soglia troviamo di solito due assistenti di volo ad accoglierci, generalmente sorridenti (cosa che non guasta mai) e disponibili nell'aiutarci a trovare il nostro posto a sedere.

Appena dentro all'aereo ho subito la sensazione di essere in un ambiente ovattato, morbido, come felpato. Le mie orecchie sentono il suono delle stoviglie che gli assistenti di volo stanno sistemando per quando sarà il momento di servire il pranzo, si sentono anche i "clack" delle cappelliere che si aprono e si chiudono, il vociare dei passeggeri già a bordo e un ronzio costante in sottofondo dato dalle apparecchiature elettriche dell'aereo. Appena dentro non manco mai di voltarmi a sinistra, verso la cabina di pilotaggio, per sbirciare quel luogo magico e ormai proibito la cui interdizione, come sempre accade, ne amplifica l'attrattiva. Cerco anche di vedere se riesco ad intravedere i piloti, mi piace vedere la faccia di chi avrà la responsabilità della mia vita per quelle ore, osservare il volto delle persone a cui mi sto affidando. Ogni tanto questo è stato possibile e altre volte no, non l'ho mai trovato indispensabile o necessario, ma quelle volte che ho avuto modo di scorgere i piloti mi ha sempre fatto un bell'effetto a prescindere dalle loro caratteristiche.

In aereo mi capita spesso di essere ben disposto verso gli altri, credo che questo dipenda anche dal fatto che almeno per quelle ore saremo tutti sulla stessa barca o meglio, sullo stesso aereo. Questa constatazione mi fa poi contattare quella che è comunque la nostra condizione di base, quella che ci accomuna tutti: la realtà dell'essere umani tra umani, momentanei abitanti della terra, sempre e solo di passaggio, con tutte le loro possibilità, ma anche con tutti loro limiti, alcuni di questi intrinsechi e invalicabili.

Una volta raggiunto il nostro posto, iniziamo ad accomodarci. Scegliamo se e cosa mettere nella cappelliera e cosa invece tenere più a portata di mano da sistemare appoggiato a terra di fronte alle nostre gambe. Tra l'imbarco e l'inizio del rullaggio[25] possono passare anche diversi minuti; utilizziamo questo tempo per accomodarci nel vero senso della parola, per ambientarci con calma e prendere confidenza con dove ci troviamo. Guardiamoci attorno: osserviamo bene le persone, le caratteristiche dei sedili, familiarizziamo con l'aspetto dei nostri vicini, delle *hostess* e degli *steward*[26].

Sbirciamo le riviste che spesso sono disponibili sul retro dello schienale del sedile che abbiamo di fronte a noi e iniziamo così a far pian piano di quel posto, il nostro posto. Quello che prima dicevo per l'aereo vale anche per il posto: d'ora in poi quello non sarà solo un posto ma il nostro posto (oltre ad essere uno dei tanti!).

---

[25] La fase in cui l'aereo si sposta lentamente da un punto all'altro dell'aeroporto.

[26] Qualora dovessimo aver bisogno di qualcosa potremo rivolgerci a loro che sono addestrati anche per gestire situazioni mediche e psicologiche che potrebbero necessitare di assistenza.

# Il rullaggio

Se siamo in partenza, il rullaggio è il momento in cui, dopo che personale di volo ha completato tutte le procedure d'imbarco e chiuso il portellone, l'aereo inizia ad avviarsi lentamente verso la pista di decollo. Dalla chiusura del portellone in poi sappiamo che salvo casi eccezionali (ritardatari compresi) non scenderemo più dall'aereo se non quando saremo giunti a destinazione. A partire dal distacco del *finger*, o della scaletta, l'aereo è libero e non c'è più nulla che lo vincoli potenzialmente a rimanere a terra, ha tagliato il cordone ombelicale col suolo e si tratta solo di qualche manciata di minuti prima che lo abbandoni, prima di vivere quella metamorfosi in grado di farlo entrare pienamente nel suo elemento naturale: l'aria.

Poco prima del rullaggio, o durante il rullaggio stesso, gli assistenti di volo in persona, oppure all'interno di un filmato se ci troviamo su un aereo dotato di schermi, illustrano le procedure da seguire in caso di emergenza.

In questa circostanza è facile vedere il diverso approccio dei vari passeggeri: c'è chi non le considera minimamente e quindi utilizza la difesa della negazione (spesso la maggior parte), chi in preda all'ansia le segue pedissequamente senza perdersi nemmeno un dettaglio, e chi le ascolta con un'attenzione sobria, calma, non negando che gli potrebbero servire, senza per questo esserne ossessionato, oppure per ripassarle un po' se già le conosce (io sono uno di questi).

<u>Aiutarsi per aiutare</u>

C'è un punto in queste istruzioni di emergenza che mi ha sempre colpito molto e che ho utilizzato a volte come metafora in terapia: è un dettaglio rispetto a come comportarsi nel raro caso di decompressione in cabina, cioè, nell'eventualità in cui per via di una perdita di pressione interna ci fosse bisogno di respirare temporaneamente (giusto il tempo che l'aereo scenda sufficientemente di quota) con le mascherine ad ossigeno che fuoriescono automaticamente da sopra ai sedili. Ecco, in questo caso le istruzioni di emergenza ci indicano che prima di tutto *dobbiamo indossarla noi* la mascherina, anche nell'eventualità in cui vedessimo la persona al nostro fianco in difficoltà, sia che si tratti di una persona anziana che di un bambino piccolo.

*Prima dobbiamo occuparci di aiutare noi stessi e solo dopo possiamo occuparci di aiutare chi di bisognoso possiamo avere al nostro fianco.*

Questa, come vi dicevo, è una metafora che a volte utilizzo (e credo usino anche tanti altri terapeuti) perché capita molto frequentemente che chi arriva da noi sia vittima, suo malgrado e spesso inconsapevolmente, di una modalità *sacrificale* di stare al mondo, che per svariati motivi finisce per autoinfliggersi. Altrettanto spesso capita che questa modalità sia talmente cristallizzata e fossilizzata che anche un legittimo atto di cura di sé o di amore nei propri confronti (come indossare per primi la mascherina) viene letto, attraverso le lenti deformanti e autoaccusatorie della modalità sacrificale, come un atto egoistico generatore di senso di colpa.

Nulla di più falso! Abbiamo bisogno di prenderci cura di noi per prenderci cura degli altri, questi aspetti non sono disgiunti e contrapposti come certe letture distorte ci hanno fatto credere e anzi, potremmo tranquillamente dire che dal primo discende il secondo.

Come posso aiutarti se rimango senza ossigeno? Finisce che anzichè salvarmi e avere così poi la possibilità di aiutarti, non ci salviamo né io né te. Ricordiamoci che perfino l'insegnamento biblico recitava *"ama il prossimo tuo come te stesso"* e non *"ama il prossimo tuo più o al posto di te stesso"*. Che poi, ogni volta che ci sembra di amare di più l'altro che noi stessi, in realtà non si tratta semplicemente di un atto d'amore esagerato, segno di una sorta di super empatia o di un super altruismo che dice di noi che siamo persone buone; per la mia esperienza posso tranquillamente dire che le cose rispetto a questo sono molto più complesse e per molti versi anche parecchio differenti da come potrebbero sembrare a prima vista, ma questo è un altro discorso.

*** 

Ora torniamo al rullaggio: spesso inizia con una piccola retromarcia che consente all'aereo di far manovra. Man mano che l'aereo si avvicina alla pista avrete probabilmente l'impressione che si muova come goffamente, nel senso che percepirete qualche piccolo ondeggiamento dato dal leggero flettersi delle ali in risposta alle irregolarità del terreno sopra a cui scorrono le ruote del carrello. Come dicevo prima, non dimentichiamoci che l'elemento naturale dell'aereo non è la terra ma l'aria e se ci pensate, anche il più elegante e leggiadro dei volatili sembra goffo ed impacciato se lo guardiamo muoversi sulla terra.

Durante il rullaggio potrete sentire diversi rumori, alcuni dati dal normale cigolio di alcune parti interne della cabina e altri più meccanici e quasi robotici derivanti principalmente dagli impianti idraulici che consentono il movimento delle superfici alari.

Guardando fuori dal finestrino potrebbe infatti anche capitarvi di vedere delle parti delle ali muoversi, sono i *flaps* e gli *slats*[27] e la loro attivazione durante il rullaggio fa parte dei consueti *test/check-list* che i piloti effettuano di routine prima del decollo. Quindi tranquilli, quei rumori e quegli eventuali movimenti sono l'equivalente di qualche stiracchiata e battito d'ali che un uccello potrebbe compiere prima di partire e prendere il volo.

La fase di rullaggio può potenzialmente essere anche parecchio emozionante perché non sappiamo mai quale sarà la pista da cui l'aereo partirà e può capitare che ci venga da pensare "ecco, ci siamo, adesso accelera e parte" e invece niente; possono esserci diverse false partenze nella nostra mente anche perché non è raro sentire in certi momenti il ronzio dei motori intensificarsi (sempre per il discorso *test/check-list* che i piloti fanno

---

[27] Strumenti per modificare il profilo alare e consentire all'aereo di volare anche a velocità ridotte, come nella fase di decollo e atterraggio.

prima della partenza) e potremmo interpretare quell'aumento di regime dei motori come la conferma di un imminente partenza. In realtà, quando siamo allineati sulla nostra pista, il comandante fa l'annuncio per i passeggeri e per gli assistenti di volo che avvisa di prepararsi al decollo; se vi trovate a bordo di un aereo di una compagnia area estera sentirete il comandante dire *"cabin crew ready to take off"*, ahh…che bello quell'annuncio…

Durante il rullaggio spesso possiamo intravedere altri aerei che arrivano e che partono; a me piace fantasticare su dove potrebbero andare, da dove potrebbero venire, sulla storia di chi ci sta sopra, dei passeggeri, dei piloti…

Al pari dell'osservare così tante persone in aeroporto che vanno e vengono, trovo confortante anche vedere quanti aerei fanno avanti e indietro e rendermi conto di quanto volare sia una cosa così usuale, diffusa e sicura. A mio parere tutto ciò ha un effetto normalizzante sulla possibile ansia da volo.

In questo confortante e ai miei occhi spettacolare andirivieni di giganti del cielo, quello che in precedenza la nostra mente magari leggeva illusoriamente solo come eccezionale e rischioso, ha ora la possibilità di iniziare ad essere visto anche da una prospettiva diversa, realistica, dalla quale può cominciare a risultarci come più normale e affidabile.

Se siamo sufficientemente fortunati e quindi non ci sono ritardi vari, nell'arco di una quindicina di minuti dovremmo essere giunti alla nostra pista di decollo.

Tenete conto che i ritardi nel mondo dell'aviazione, per quanto fastidiosi possano essere, sono sempre un segnale di garanzia di sicurezza. Quando un aereo ritarda, raramente è a causa di un disservizio, quasi sempre è proprio per gli elevati standard di sicurezza che non consentono all'aereo di decollare se non vengono pienamente soddisfatti tutti i requisiti. Insomma, se tutto non è ok, semplice, non si parte.

Ci siamo, siamo lì, allineati alla pista, su questa striscia di asfalto che farà da rampa di lancio al nostro desiderio, l'aereo è pronto a decollare e noi con lui.

# Il decollo

Il momento del decollo coincide spesso con l'apice di tutto quel processo partito dal sogno del viaggio, passato per la prenotazione dei biglietti e giunto fino al ritrovarci seduti sull'aereo a pochi secondi dal lasciare il nostro elemento naturale: la terra. L'apice di tutto quel delicato percorso che ci ha visto muovere i nostri passi come funamboli alla ricerca dell'equilibrio, quegli stessi funamboli che hanno camminato sulla fune dell'ambivalenza, quella composta dal continuo intreccio che alterna paura e desiderio.

Non ci sarebbe quindi da stupirsi se questo momento di culmine dovesse coincidere con una grande ondata emotiva e se l'impeto delle emozioni si manifestasse anche con grande intensità nel nostro corpo.

*Ci sta tutto, siamo vivi!*

La dimensione del corpo è di fatto lo scenario nel quale le emozioni prendono forma, è la tela bianca sulla quale i pennelli dell'emotività e dell'affettività, con tutte le sfumature cromatiche possibili immaginabili, inscrivono i propri segni che possono essere a volte leggeri e diluiti come dei pallidi acquerelli e altre volte densi e pesanti come grumi di colori ad olio.

Potremmo anche dire che il corpo è il teatro delle nostre emozioni, in quanto ogni emozione, oltre ad una dimensione emotiva e cognitiva, ha anche una dimensione corporea ed è spesso la fenomenologia di quest'ultima a risultare per noi maggiormente pregnante e caratterizzante.

E così ci ritroviamo lì, fermi, come incapsulati, con la cintura di sicurezza allacciata, in una sorta di religioso silenzio, fino a che ad un tratto il suono dei motori inizia farsi improvvisamente più intenso…

Sentiamo l'aereo vibrare, il suono delle turbine dei motori è sempre più forte e con esso anche il pulsare del nostro cuore che quasi come a seguire l'invito lanciato dai motori potrebbe prendere a battere con un ritmo ed un'intensità altrettanto crescenti, come se anche lui e noi con lui dovessimo decollare e prendere il volo, ma non solo fisicamente, anche a livello simbolico; quello non è solo un volo, è anche il nostro volo, è anche il nostro decollo!

***

Metamorfosi

Via! L'aereo inizia la sua corsa lungo la lingua scura d'asfalto mentre subito avvertiamo la pressione della spinta dei motori che ci incolla ai sedili, guardiamo fuori dal finestrino e il mondo all'esterno che stiamo salutando sfreccia sempre più velocemente davanti ai nostri occhi; sappiamo che di lì a pochissimo non sarà più possibile tornare indietro, sentiamo che stiamo lasciando la nostra *base sicura* per andare nel mondo, stiamo tagliando il cordone ombelicale, stiamo levando gli ormeggi, stiamo per aprirci alla dimensione del desiderio e con esso alla vita.

Quello che avviene durante la corsa sulla pista è ai miei occhi un miracolo, una vera e propria metamorfosi, provate a pensarci: un goffo e pesante oggetto terreste si trasforma, prende vita nel vento e diviene leggero e maestoso come un'aquila. In qualche modo potremmo dire che in questa trasformazione diventa altro pur rimanendo ciò che è.

Questo accade anche a noi quando per qualche motivo cresciamo, che sia attraverso un percorso terapeutico o attraverso altre esperienze di vita significative e feconde; cambiamo anche noi divenendo ciò che siamo, passando dallo stato *in potenza* allo stato *in essere*.

Ma per farlo dobbiamo darci delle *chances*, delle possibilità, il che equivale a dire che dobbiamo provare a decollare accettando anche la possibilità della caduta che, in senso figurato, significa accettare la possibilità dell'errore e del fallimento.

Perché se non ci diamo delle possibilità siamo come un aereo che non vola e un aereo che rimane a terra è come una barca che non esce mai dal porto: sicuramente evita un possibile naufragio, ma fa la ruggine col passare del tempo e diventa sempre meno idonea al partire per il mare. Senza considerare poi che, stando sempre nel porto, la barca non evita solo un *possibile* naufragio, ma si priva *sicuramente* anche della meraviglia di farsi stupire dalla straordinaria bellezza del mondo e della vita. Tra l'altro, una barca non è stata costruita per rimanere nel porto...

Anche noi in questo senso siamo come gli aerei e le barche e talvolta ci capita di ritrovarci a barattare la bellezza di entrare pienamente nella vita per un po' di *presunta* sicurezza. E così, quando ciò avviene, stiamo lì ed evitiamo di salpare o di decollare.

***

Torniamo ora a quei momenti che precedono il decollo: l'attivazione emotiva che proveremo potrebbe avere i suoi normali correlati corporei fisiologici, come ad esempio un aumento del ritmo del nostro cuore e del nostro respiro, un incremento della sudorazione e della tensione muscolare, etc…
ora:

<u>Provate a vedere se è possibile permettere a questo primo messaggio di depositarsi profondamente in voi:</u>

Per quanto eventualmente fastidiose possano essere queste normali sensazioni fisiche dovute all'ansia o alla paura (o anche alla gioia e all'entusiasmo), oppure alle normali forze fisiche in gioco nell'esperienza del volo (accelerazione, gravità, etc…) *non sono pericolose,* non comportano alcun rischio per voi e per il vostro corpo.
È la lettura che voi potreste fare di queste sensazioni fisiche che può eventualmente attribuirgli una valenza illusoria di minacciosità. Per questo è importante che rimaniate consapevoli: per far si che la lettura distorta di

quello che sentite non parta in automatico (vi ricordate il discorso sull'allarme troppo sensibile?).

Questo ha a che fare con la vostra mente, infatti, oltre ai correlati corporei, l'attivazione emotiva potrà avere i suoi normali correlati di pensiero e quindi la vostra mente potrebbe generare pensieri di ogni tipo, anche catastrofici, rispetto alla situazione esterna che state vivendo e a quello che state provando emotivamente e fisicamente.

*Le sensazioni fisiche sono solo sensazioni fisiche.*

E ora…

<u>Provate a vedere se è possibile permettere anche a questo secondo messaggio di depositarsi profondamente in voi:</u>

Per quanto eventualmente fastidiosi possano essere questi normali pensieri, *non dovete per forza prenderli sul serio.* Potete lasciare semplicemente che ci siano senza dar loro credito, un po' come fareste se guardando la tv vi ritrovaste sintonizzati su un notiziario che anzichè dare notizie reali si occupasse di trasmettere solo notizie allarmistiche inventate, frutto di distorsioni, di letture della realtà deformate dalle lenti della paura, quindi non reali, non radicate nella realtà.

Non è necessario che spegnate la tv o che cambiate canale per non dargli credito, non abbiamo questa possibilità con la nostra mente e sforzarci di cambiare canale peggiorerebbe solo le cose perché sarebbe come spingere una pallone con forza sott'acqua: si genererebbe una forza opposta e contraria difficile e faticosa da contrastare e magari quando meno ce lo aspetteremmo potrebbe anche sgusciare via ed emergere improvvisamente cogliendoci all' improvviso.

Basta semplicemente che riconosciate di essere sintonizzati sul canale *tele-paura* anzichè sul canale *tele-realtà* e che non prendiate quindi per vere quelle notizie. Quindi, anche se questi pensieri, al pari delle sensazioni fisiche ed emotive spiacevoli di cui parlavamo prima, possono essere fastidiosi e indesiderati, sono anch'essi sempre e comunque *innocui*. Facendo esperienza di questo, lasciandoli semplicemente essere senza dargli credito, vi accorgerete che non hanno alcun potere su di voi se non glielo concedete, se non vi fate abbindolare da loro prendendoli per veri.

*I pensieri sono solo pensieri.*


## Un eredità dell'evoluzione

Ora potreste chiedervi come mai la nostra mente ci propone questi pensieri e queste letture distorte delle sensazioni provenienti dal nostro corpo. La risposta è semplice: per proteggerci. Questo è qualcosa che ha a che fare con l'evoluzione della specie, con l'istinto di sopravvivenza.

Perché la nostra stessa mente ci ha permesso di evolvere come specie proprio anche grazie alla nostra capacità di rilevare le minacce presenti nell'ambiente, in risposta alle quali abbiamo imparato a metterci in una posizione di protezione sostenuta fisiologicamente dall'ancestrale risposta di attacco/fuga (che abbiamo già visto parlando dell'attacco di panico) che è la classica risposta di allarme che condividiamo con tutto il regno animale, quella che attiva a cascata il sistema nervoso simpatico per prepararlo, appunto, alla fuga o all'attacco al fine di salvarci e sopravvivere. Ne consegue una grande mobilitazione di energia data dal rilascio nel nostro corpo di diversi ormoni come l'adrenalina e la noradrenalina che comportano delle modificazioni fisiologiche così intense da poter risultarci quasi incontenibili. In realtà, una volta raggiunto il loro picco, come dicevamo anche in precedenza, sono come un'onda e il tutto defluisce naturalmente, senza alcun rischio per noi e per la nostra salute.

Il punto è che anche se la nostra mente conserva ancora questa eredità cerebrale che ci è stata utile, oggi non corriamo più grandi rischi rispetto ad una volta, per lo meno non circa la nostra incolumità fisica, è infatti molto raro ritrovarci in pericolo per la nostra sopravvivenza; non dobbiamo più proteggerci dai predatori che possono celarsi sulle rocce o tra la vegetazione. Ma nonostante questo, il nostro sistema di allarme, in quanto è risultato utile alla conservazione e alla continuazione della nostra specie, continua a far parte del nostro *hardware* e *software* interno e certe circostanze, seppur oggettivamente sicure, possono divenire come dei *trigger,* dei veri e propri eventi attivanti in grado di farlo risvegliare anche se non ce n'è bisogno. Tant'è che spesso, come nel caso dell'aereo, l'allarme può scattare per proteggerci da una minaccia che in realtà non c'è, che è solo immaginata o frutto di un'illusione. Oppure, se la minaccia "c'è", è una minaccia interna, simbolica, collegata a quello che rappresenta per noi decollare, levare gli ormeggi, tagliare il cordone ombelicale, ma questo, come abbiamo visto, è un altro discorso e in ogni caso non corrisponde ad una minaccia fisica che mette in pericolo la nostra vita.

La nostra mente fa dunque il suo lavoro di protezione ma senza che ce ne sia realmente bisogno e quindi, anzichè essere un lavoro funzionale, si rivela essere, al contrario, un lavoro disfunzionale, non utile; è come quando in certe situazioni ci capita di dire "l'intento è buono, ma il risultato no".

In questi casi possiamo anche ringraziare la nostra mente che ricolma di buone intenzioni cerca di proteggerci, ma scegliere comunque di non ascoltarla. Un po' come faremmo con un genitore eccessivamente ansioso e preoccupato che teme per la nostra incolumità: potremmo ringraziarlo della sua premura nei nostri confronti e al contempo scegliere di muoverci diversamente da come lui ci suggerisce.

Questa è autonomia, indipendenza, libertà, questo significa gestire la nostra mente anzichè essere gestiti dalla nostra mente.

***

Torniamo ora in cabina: se doveste avvertire che il vostro corpo si irrigidisce, che la vostra mente inizia a trasmettere dal canale *tele-paura,* magari con un volume altissimo, se il vostro stomaco sembra contorcersi dalla tensione e il vostro respiro a farsi più faticoso, ricordatevi di questi due messaggi e quindi del fatto che

*non state correndo alcun rischio per la vostra vita e per la vostra salute*

e che

*non dovete credere per forza a quello che vi sta raccontando la vostra mente.*

Ma arriviamo adesso ad un ulteriore cosa molto importante…

<u>Provate ora a vedere se è possibile permettere anche a questo terzo messaggio di depositarsi profondamente in voi:</u>

Qualunque cosa voi proviate, sensazione fisiche, pensieri, emozioni, *smettete di farci la lotta.* Qualunque cosa sia presente nel vostro panorama interiore, *arrendetevi* ad essa. Il che significa: *deponete le armi.*
È una *resa* del tutto particolare questa, *una resa al corpo.* Ne abbiamo già fatto cenno indietro quando parlavamo degli attacchi di panico. È particolare perché questo

arrendersi non comporta alcuna sconfitta, come invece siamo sempre stati abituati a pensare. Al contrario, facilita il naturale fluire delle cose e della vita.

È la resa dell'accettazione radicale della nostra esperienza, è la resa che porta all'apertura all'esperienza stessa, è *lasciar andare* l'ossessione e la compulsione del controllo in favore della vita che in questo modo può scorrere libera come uno scrosciante e rigoglioso torrente di montagna.

Quindi, vedete se è possibile concedervi di lasciare che le cose siano così come sono, permettete al vostro corpo di ammorbidirsi e di lasciarsi trasportare assecondando i vostri movimenti emotivi interni come anche quelli del volo, anziché cercare di resistergli.

*Le emozioni sono solo emozioni.*

<u>Ora riassumiamo questi 3 messaggi fondamentali:</u>

### 1

*Qualunque sensazione fisica o emotiva proviate in conseguenza all'ansia e alla paura del volo o alle forze fisiche in gioco nell'esperienza del volo, ricordatevi che non state correndo alcun pericolo per la vostra vita e per la vostra salute.*

### 2

*Qualunque pensiero la vostra mente vi proponga, ricordatevi che non corrisponde per forza alla realtà delle cose e che non siete obbligati a dargli credito.*

### 3

*Qualunque cosa possiate sentire: ogni sensazione, ogni emozione, ogni pensiero, non opponetevi, non fateci la lotta, ma arrendetevi gentilmente alla vostra esperienza e accogliete tutto così com'è, con una calorosa accettazione incondizionata.*

Le due facce della stessa medaglia

A proposito di *resa particolare,* mi viene in mente cosa dissi ad una persona per me molto importante, che ricordo sempre con affetto e gratitudine, quando anche grazie al suo aiuto arrivai a prenotare i biglietti per un viaggio transoceanico, il secondo dopo l'esperienza traumatica dell'11 settembre e soprattutto un viaggio che capitava in un momento della mia vita molto delicato, di grande cambiamento di prospettiva sia su di me che sulla mia storia. (Anche in quell'occasione, guarda caso, si trattava di un viaggio negli Stati Uniti).

Le dissi: *io vado, adesso posso anche morire.*

Immagino che possa suonare forte come frase, ma mi auguro che possiate coglierla in tutta la sua bellezza, nella sua insita dichiarazione di volontà di vita e libertà, così come anche nella sua totale accettazione e apertura all'esperienza. Quasi un inno alla vita stessa.

Quel "io vado, adesso posso anche morire" significava in realtà: *io vado, adesso posso anche vivere.*

Mi rendo conto più ora che allora che il significato di questa mia affermazione era che la morte non mi faceva più così paura qualora fosse sopraggiunta proprio mentre stavo avendo il coraggio di spremere fino in fondo la mia vita.

Perché come dicevo più indietro, la paura della morte è sempre paura della vita e nel momento in cui abbiamo il coraggio di provare a vivere la vita che desideriamo, la morte perde buona parte del potere che ha di intimidirci. Credo che la paura della morte si alimenti proprio della vita che non abbiamo vissuto e che non ci concediamo di vivere:

*maggiore è la vita non vissuta che accumuliamo, più grande è e sarà lo spettro della grande falciatrice e viceversa.*

Il punto è proprio *non lasciare nulla alla morte e consumare tutta la vita che abbiamo.* Non lasciare niente alla morte se non poche briciole da portarci via.

Il punto è , in due parole, *vivere pienamente.*

E per me, a quel tempo, vivere pienamente significava anche vivere l'esperienza di quel viaggio che aveva acquisito ancora più valore per il fatto di farlo proprio in quel momento della mia vita e di poterlo condividere con la persona che era al mio fianco, con la mia compagna.

A proposito, credo che i progetti di coppia, le grandi imprese in cui ci imbarchiamo a due nella nostra vita diventino meravigliosi ogni qual volta nascano da un'*eccedenza di desiderio.* Quell'eccedenza di desiderio che quando prende forma trae origine proprio dall'incontro di quell'*Io* con quel *Tu* e di quel *Tu* con quell'*Io.* Questa eccedenza di desiderio, data dalla convergenza del desiderio degli *Uno che diventano Due pur rimanendo al contempo Uno,* ha poi un effetto moltiplicativo, ha la capacità di elevare all'ennesima potenza quella spinta vitale che richiede poi solo di essere vissuta e attualizzata. Questo credo valga non solo per le coppie, ma anche per le famiglie.

<u>Il distacco da terra</u>

Tornando nel vivo della nostra corsa sulla pista…c'è un momento incredibile, un attimo unico e per certi versi indescrivibile, il punto di svolta della metamorfosi: quello in cui l'aereo perde la sua connotazione di oggetto terrestre per divenire da lì in poi un oggetto dell'aria. In un certo senso è un po' come la trasformazione che vede il bruco diventare farfalla e noi siamo lì a bordo, viviamo questa trasformazione dal di dentro, come fossimo nella sua pancia, passando anche noi da esseri terresti impossibilitati al volo ad esseri terresti in grado anche di volare.

Il momento specifico a cui mi riferisco è quell'istante preciso in cui le ruote del carrello si staccano dal suolo e l'aereo inizia a volare a tutti gli effetti.

Da lì in poi sappiamo con certezza assoluta che non potremo più tornare indietro, che dovremo *arrenderci* al tempo dell'attesa e al luogo in cui ci troviamo; sappiamo che dovremo *affidarci* ai piloti, al personale di bordo e anche a quello di terra che seppur non presente fisicamente si prenderà cura di noi e della nostra rotta per farci volare in totale sicurezza.

Le sensazioni fisiche date da questo passaggio trasformativo possono variare da persona a persona, da aereo a aereo e anche in base alle condizioni atmosferiche presenti al momento del decollo. In linea di massima, per quella che è stata la mia esperienza, più l'aereo è grande e meno si avverte questo stacco (il che non è per forza un bene, io per esempio quando non lo sento ne avverto la mancanza). Anche il vento fa la sua parte: più le correnti sono regolari e più è dolce questo passaggio. In quel momento io di solito sento una sorta di piccola e piacevole vertigine.

Se guardate fuori dal finestrino e avete la fortuna di essere in un posto dal quale sono visibili le ali, potrete notare che nel mentre dello stacco da terra le estremità alari si piegano leggermente verso l'alto. Questo per effetto della portanza, quella forza che si genera dallo scorrimento dell'aria sul particolare profilo della superficie delle ali. È questa la forza che fa sì che l'aereo si alzi in volo. Potrete scoprire così che le ali dell'aereo sono flessibili, e per fortuna lo sono!

***

## Un piccolo esperimento

Per avere una dimostrazione pratica della portanza, provate questo semplice esperimento: quando siete in macchina come passeggeri e state viaggiando ad una velocità abbastanza sostenuta, direi almeno ai 100 km/h, aprite il finestrino e mettete fuori una mano tenendola un po' inclinata verso il basso, verso l'asfalto. Ora, lentamente, iniziate a ruotarla in senso orario e quindi a portarla via via in posizione orizzontale fino ad arrivare a inclinarla leggermente verso l'alto, verso il cielo. Ad un certo punto noterete che la vostra mano sarà come risucchiata verso l'alto. È questa la portanza, la forza che fa decollare l'aereo permettendo ad un bestione di decine di tonnellate di peso di librarsi leggero nel cielo.

Vi incoraggio a fare questo piccolo esperimento perché vivere le cose in prima persona e accorgersi che sono in un certo modo, toccare con mano (in questo caso in tutti i sensi) è un aspetto molto potente, perché capace di penetrare fino a quella parte irrazionale di noi che rifugge le spiegazioni logiche, quella parte che parla un'altra lingua, quella stessa parte che poi ci fa dire qualcosa del tipo: "si, lo so che le cose stanno così, ma io ho paura lo stesso!". Fare esperienza e riflettere sull'esperienza, integrarla in noi, è questo che serve di più a quella parte emotiva per potersi tranquillizzare e accordare con il nostro lato più razionale. E questo non  vale solo per l'aereo...

***

Un'altra sensazione che potremmo provare durante il decollo e che potrebbe anche trarci in inganno è quella che l'aereo faccia fatica a salire di quota. Quest'impressione è data dall'effetto delle forze fisiche in atto in quel momento, come accelerazione, gravità, direzione del moto, ecc... in realtà l'aereo non fa alcuna fatica, basti pensare che è progettato per poter decollare anche con un solo motore e non esistono aerei di linea che abbiano meno di due motori.

Un'altra impressione ingannevole, ma che avvalora quello che vi ho appena detto e che poco dopo il decollo potrete sentire è il rumore dei motori che inizia a calare nettamente, nonostante l'aereo non abbia ancora raggiunto la quota di crociera. Questo potrebbe far sì che la vostra mente generi il pensiero che i motori abbiano avuto un calo di potenza. Ed effettivamente è proprio così, ma non perché siano difettosi o abbiano subìto un danno, semplicemente perché tutta quella potenza non serve.

Probabilmente vi sarà capitato di entrare in macchina in autostrada, di sentire accelerare forte sulla rampa di immissione e avvertire il motore andare su di giri; immagino anche che, una volta inseriti nel flusso del traffico, non ci sarà stato più bisogno di sollecitare così intensamente il motore, che di conseguenza avrà potuto tornare ad un regime più tranquillo e silenzioso. Questo è esattamente quello che accade poco dopo la prima fase del decollo: il pilota abbassa la potenza dei motori semplicemente perché non è necessaria.

Altra cosa che potrebbe trarvi in inganno: nella fase di salita, durante il raggiungimento della quota prestabilita, è probabile che l'aereo compia delle virate e per quanto possano magari sembrarvi ampie, l'aereo è impostato per far sì che non venga mai superato un certo angolo di inclinazione, in modo da garantire sempre ai passeggeri un buon confort in cabina. Lo stesso dicasi per l'angolo di attacco con cui l'aereo sale e prende quota: l'inclinazione non è mai troppa sempre per lo stesso motivo. Se doveste comunque avvertire un leggero fastidio, soprattutto durante le virate (cosa molto rara ma non impossibile), basta che distogliate lo sguardo dal finestrino e lo posiate sul sedile di fronte a voi, vi basterà osservarlo giusto per una manciata di secondi per ricentrarvi.

A seconda degli aerei e anche di dove siete seduti, nella fase di salita potrete o meno avvertire la chiusura del carrello; quindi, qualora doveste sentire dei rumori o delle leggere vibrazioni, state tranquilli, è semplicemente il carrello che rientra nella sua sede.


<u>Andare oltre</u>

Il decollo è la parte che trovo più adrenalinica ed emozionante del viaggio in aereo, soprattutto quando avviene in condizioni metereologiche in parte avverse o comunque con il cielo nuvoloso, in quel caso può essere addirittura commovente (dal mio punto di vista). Se avrete la possibilità di decollare di giorno sotto ad un cielo plumbeo, magari anche sotto alla pioggia, avrete poi anche la fortuna di vivere una delle esperienze a mio parere tra le più potenti e toccanti che conosca. Vivrete tutta la bellezza di accorgervi che una volta oltrepassata la fitta coltre di nubi raggiungerete l'azzurro incontaminato del cielo e con esso anche il sole che splende sempre al di là di quel manto grigio scuro. Sarete testimoni in prima persona che il cielo azzurro e il sole splendente sono sempre stati lì anche se voi da sotto non li potevate vedere perché oscurati ai vostri occhi. Questo l'ho sempre trovato incredibile, un insegnamento di vita immenso, come a ricordarmi che in ogni caso è sempre possibile *andare oltre*. Ricordarmi questo aiuta me e mi aiuta anche ad aiutare gli altri; è la scoperta della potenziale e radicale libertà che abbiamo sempre, finanche in condizioni di prigionia, sia mentale che fisica.

*"Tutto può essere tolto ad un uomo ad eccezione di una cosa: la sua libertà di scegliere come porsi di fronte ad ogni situazione".*

Questa frase di Viktor Frankl[28] rende bene l'idea di quello che intento dire. Secondo lui *l'auto-trascendenza* è l'essenza dell'essere umano; ciò significa che quello che conta non è l'appagamento o la realizzazione nell'immediato di sé stessi, quanto l'essere orientati verso qualcosa che ci supera, che *va oltre* ed *al di là* di noi e della situazione contingente che stiamo vivendo.

Ecco allora che la sofferenza può essere meno pesante se penso che sia possibile superarla, se riesco a donare un senso al il mio soffrire, se riesco ad andare oltre. Ed è proprio nelle difficoltà e nella sofferenza che siamo chiamati ad assumere questo atteggiamento perché cercare scappatoie varie o rimanere aggrappati e chiusi nel nostro dolore non fa altro che peggiorare ulteriormente le cose. Secondo Frankl il *come* una persona affronta le difficoltà racchiude una possibilità di significato dell'esistenza.

---

[28] Neurologo, psichiatra e filosofo austriaco, uno tra i fondatori dell'analisi esistenziale e della logoterapia: metodo che tende ad evidenziare il nucleo profondamente umano e spirituale dell'individuo.

Cosa ci insegna questo? Che se riusciamo ad andare oltre alle nuvole, che nella nostra vita possono rappresentare di volta in volta tantissime cose, come ad esempio: pensieri negativi, risentimenti vari, giudizi su di noi o sul mondo, aspettative, pretese, sofferenze autoinflitte, rabbie di ogni tipo e chi più ne ha più ne metta, possiamo raggiungere uno stato di serenità e di quiete che c'è sempre stato, che *è sempre stato lì*, ma che non era raggiungibile perché coperto e nascoso da tutto ciò. Questo vale anche quando le nuvole sono rappresentate da accadimenti dolorosi esterni, come eventi traumatici, lutti, perdite, ecc…

Ricordo ancora la prima volta che ho ripreso a volare: mi sono commosso nell'arrivare proprio in quel punto oltre alle nuvole, non lo dimenticherò mai.

Un'altra volta ancora, invece, siamo partiti nel tardo pomeriggio, giù, sotto alle nuvole era buio pesto e pioveva, mentre nel cielo, oltre alle nuvole, io e Claudia abbiamo assistito ad un meraviglioso e indimenticabile tramonto. Pur non staccando mai gli occhi dal finestrino per poterlo vivere pienamente in prima persona, ho fatto un piccolo video che ogni tanto riguardo per rivivere l'esperienza. Pensandoci ora mi dico "che meraviglia e che *poesia* quel momento!" Indimenticabile…

***

Non bastasse questo, che non è affatto poco, il senso di quiete che è possibile provare da lassù è poi favorito

anche dal fatto che, oltre al mettersi in orizzontale
dell'aero e al calare del rumore dei motori, più l'aereo sale
di quota e più lontani si fanno tutti i riferimenti visivi,
nuvole comprese. Di conseguenza, se al momento del
decollo abbiamo l'impressione di andare anche molto
veloci, man a mano che l'aereo prende quota perdiamo
gradualmente i punti di riferimento visivi vicini e questo
ci da l'impressione che l'aereo proceda lento, pacifico,
quasi al rallentatore, tutto è soft, come alcune delle
nuvole bianche che possiamo vedere, che sembrano
essere a volte di cotone e altre di panna. Non diremmo
mai che stiamo viaggiando a quasi 1000 chilometri orari.
Qualcosa di simile, seppur  in minor misura, può
capitarci anche quando siamo in treno: se guardiamo i
binari che scorrono di fianco ai nostri, oppure i pali dei
cavi elettrici che costeggiano le rotaie, li vediamo
sfrecciare di fronte ai nostri occhi e abbiamo la
sensazione di stare viaggiando ad una velocità altissima.
Se invece, sempre stando nella stessa posizione, *spostiamo
lo sguardo* sulle montagne  che compaiono sfumate in
lontananza, ci sembrerà di procedere con un incedere
lento e tranquillo.


Ma torniamo a noi: "Dlin!" il segnale di obbligo di tenere
allacciate le cinture si spegne e possiamo metterci ancora
più comodi e goderci il viaggio. Il suono dei "clack" delle
fibbie metalliche delle cinture che ne segnalano lo
sganciamento risuona qua e là per tutta la cabina, quasi
come fosse una sorta di applauso metallico per l'impresa
appena compiuta. Relax…è iniziata la fase di crociera.

## La fase di crociera

Questa fase del volo è quella più lunga e rilassante, se il nostro viaggio è per una destinazione molto lontana potrebbe anche superare le dieci ore. Come passeremo queste ore, che siano tante o poche, dipenderà in buonissima parte da noi.

Se nella fase in cui ci siamo accomodati abbiamo già iniziato a fare di quel posto il nostro posto iniziando a sistemarci e a sistemarlo in modo che sia divenuto in qualche modo famigliare, non ci resta che rilassarci e riempire il tempo con ogni cosa possa allietare il nostro viaggio: libri, riviste, musica, giochi, carte, *videogame*, film, cibo, bevande, etc… qualsiasi cosa ci risulti piacevole. La regola nella fase di crociera è una sola:

*fare spazio a tutto ciò che ci va.*

Personalmente, una delle cose che mi piace di più fare è consultare la guida di viaggio che mi anticipa in parte quello che andrò a scoprire. Trovo bellissimo farlo proprio sull'aereo, nel momento in cui sento le distanze da quei luoghi sognati accorciarsi sempre più. Di solito consulto la guida in modo un po' particolare, la guardo ma non troppo. In linea di massima mi piace aver giusto dei piccoli assaggi e lasciare il resto all'immaginazione, in questo modo il mio "appetito" cresce ulteriormente.

Quindi non è raro che di tanto in tanto io salti delle parti o dica alla mia compagna, che invece tende a consultarla in modo un po' più approfondito, di non raccontarmele;

non mi va di avere troppe anticipazioni, non voglio *spoiler!* Il non sapere troppo e lasciare che una parte sia affidata all'immaginazione mi espone al rischio della delusione ma anche a quello della sorpresa. A volte è bello essere impreparati, prendere le cose con *leggerezza*, il che non significa affatto prenderle con superficialità; io lo vedo come un atto di libertà e fiducia, alla faccia del bisogno di dover sempre controllare tutto!

Tornando al nostro posto: qualora non lo avessimo ancora fatto nostro, l'inizio della fase di crociera è il momento giusto per mettere a portata di mano tutte le cose che possono renderci più piacevole il viaggio: tenere il cuscino e la coperta (che nei voli lunghi sono in dotazione a tutti i passeggeri) vicino a noi, in modo che in caso volessimo fare un pisolino avremo comodo tutto l'occorrente per accoccolarci, regolare il bocchettone personale dell'aria condizionata nel modo che troviamo più confortevole, toglierci le scarpe se lo desideriamo, etc...insomma, si tratta di prendere posto e accomodarci a tutti gli effetti.

Negli ultimi anni l'intrattenimento in volo si è sviluppato molto e nei voli a lungo raggio anche i posti in economy sono dotati di ampi schermi *touch* che consentono di accedere a videogiochi, alla mappa, alle informazioni di volo e a una variegata scelta di film.

Viaggi spazio-temporali?

A proposito di film, ho sempre associato il viaggio in aereo anche ad un altro film cult, stavolta anni 80: "Ritorno al Futuro[29]". La trilogia della saga comico-fantascientifica di grandissimo successo ruota attorno alla possibilità che hanno i protagonisti di viaggiare nel tempo a bordo di una macchina del tempo ricavata dall'inconfondibile Delorean[30]. Per me salire su un aereo è sempre stato, almeno in piccola parte, salire sulla Delorean (in formato pullman). Infatti, percorrendo tratte sufficientemente lunghe, attraversiamo diversi meridiani in poco tempo e considerando che la distanza tra ogni meridiano corrisponde ad un ora del nostro orologio, ci ritroviamo in un certo senso a viaggiare in avanti o in dietro nel tempo, a seconda che siamo diretti verso est o verso ovest. Quindi, per esempio, potremmo partire alle 9,00 di mattina da Milano con destinazione New York, impiegare 9,15 ore di viaggio e atterrare a destinazione alle 13,15. I conti non tornano, giusto? E invece si, perché abbiamo volato in senso antiorario e quindi è come se avessimo viaggiato indietro nel tempo. Di conseguenza, spazio e tempo è come se subissero un'alterazione o perlomeno è così che io percepisco

---

[29] *Ritorno al Futuro*, diretto da Robert Zemeckis 1985.

[30] Unico modello di auto costruito dalla Delorean Motor Company dal 1981 al 1983. Si trattava di una 2 posti con motore posteriore e carrozzeria in acciaio inossidabile non verniciato.

soggettivamente questo fenomeno. È come se nel mentre che stiamo solcando i cieli accedessimo ad una dimensione altra e sospesa in cui le leggi che regolano lo spazio e il tempo sulla terra sembrano essere relative. Tutto ciò ci porta fino a sfiorare la celebre teoria della relatività di Einstein, che è anche la teoria che con ogni probabilità deve aver ispirato la saga stessa di "Ritorno al Futuro".

Anche questo aspetto contribuisce a farmi vivere l'esperienza del volo come così magica ed affascinante e la V1, che è la velocità il cui raggiungimento obbliga l'aereo a decollare, il punto di non ritorno, rappresenta ai miei occhi quello che gli 88 miglia orari rappresentavano per la Delorean, ovvero: il momento nel quale aveva inizio il viaggio spazio temporale.

***

<u>Suggerimenti per i voli lunghi</u>
Tra film vari, cult e non, e qualsiasi altra cosa che ci vada di fare in cabina per distrarci e passare il tempo in relax, questa fase procede generalmente in tutta tranquillità e lo scorrere delle ore è in buona parte scandito dai momenti in cui il personale passa a distribuire le bevande, gli snack e i pasti.

A tal riguardo vi consiglio di assumere diversi liquidi in volo, in quanto l'aria in aereo è molto secca: in questo modo ci manterremo ben idratati il che, tra le altre cose, trasmette anche al nostro corpo e al nostro sistema nervoso che stiamo bene e facilita il rilassamento (non sottovalutate l'effetto calmante di un sorso d'acqua fresca e di un bel respiro). La secchezza dell'aria è anche il motivo per cui tanti che fanno ritorno da mete esotiche si cospargono di creme idratanti prima e durante il volo per evitare che lo strato superficiale della pelle, seccandosi, possa rovinare l'uniformità della loro abbronzatura tropicale.

Altra cosa utile, soprattutto sui voli molto lunghi, è alzarsi ogni tanto: quando andiamo in bagno approfittiamone per far due passi su e giù per la cabina e magari anche un po' di "ginnastica" sul posto per sgranchirci, in questo modo riattiviamo il corpo e favoriamo così anche una buona circolazione sanguinea.

<u>Pasto a sorpresa</u>

Ora arriviamo al momento del pasto: io l'ho sempre trovato particolarmente piacevole e divertente. Intanto è una parentesi diversa rispetto al resto del volo, qualcosa che rompe la monotonia all'interno delle tratte particolarmente lunghe, anche per questo mi piace gustarlo e consumarlo lentamente, con calma. Non tanto per la qualità del cibo, che generalmente lascia alquanto desiderare (questo è uno degli aspetti divertenti), ma anche per godermi di più quel momento di stacco in cui interrompo quello che stavo facendo prima, abbasso il tavolino reclinabile e mi dedico al pasto. In economy è generalmente possibile scegliere tra due alternative, ma ultimamente le possibilità di scelta si stanno ampliando sempre più per andare incontro alle varie esigenze dei passeggeri ed è quindi possibile trovare anche pasti light, etnici, vegani e vegetariani. In certi casi, a seconda della compagnia, è necessario segnalare la propria preferenza già al momento della prenotazione del volo.

Altra cosa che trovo divertente è come vengono confezionati i pasti: personalmente, ogni volta che un assistente di volo appoggia il piccolo vassoio del pasto sul mio tavolino, vivo l'effetto "busta a sorpresa".

Chi come me è stato bambino negli anni ottanta se le ricorderà, le vendevano in edicola, c'erano di varie cifre e potevano contenere un po' di tutto. Il bello era proprio che non si sapeva cosa ci fosse al loro interno. Devo dire che mi piacevano davvero molto, era emozionante non sapere cosa potesse saltar fuori da quelle buste, infilare la mano senza guardare e poi lasciarsi stupire da quello che si pescava.

Ecco, i vassoi del pasto in aereo sono un po' così perché anche se sappiamo quello che abbiamo preso, nella stragrande maggioranza dei casi posso assicurarvi che si rimane comunque sorpresi.

E quindi capita di guardare il vostro compagno di viaggio e di dire qualcosa del tipo "cioè…queste dovrebbero essere lasagne?!"; oppure "ma…la frutta è da mangiare o è un ornamento estetico non commestibile?!".

La cosa che poi che potrete notare è che le posate, qualora siano in metallo, e in certe compagnie aeree lo sono, sono freddissime, sembrano quasi come appena tirate fuori dal freezer; e il pane, spesso imbustato in un sacchettino di plastica, sembra stare dentro ad un airbag trasparente (per via della variazione di pressione rispetto a terra), che ovviamente sarete voi a far scoppiare a vostro modo.

A completare il quadro, di solito troviamo anche un dolcetto spesso terrificante e un piccolo contorno a vostro rischio e pericolo. Per qualche motivo ignoto si trovano quasi sempre anche una piccola porzione di burro, una di formaggio *cheddar* e dei mini craker. Male che vada, se vi piacciono il latticini, questo potrà essere il vostro paracadute culinario (oltre agli snack che a questo punto mi auguro vivamente abbiate portato con voi). Terminato il pasto, il personale di cabina passa con il caffè e il the, dopo di che, generalmente, c'è la fase "sonnellino collettivo", in cui si è tutti invitati a chiudere gli oscuranti dei finestrini per un momento di riposo o di intrattenimento filmico al buio.

Teniamo conto che per tutta la fase di crociera l'aereo vola ad un'altezza notevole, intorno ai 12000 metri e questo accade per diversi motivi: perché i motori sono progettati per funzionare ottimamente a questa altitudine, perché l'aria a questa quota è più rarefatta e genera meno attrito (il che si traduce in consumi inferiori di carburante) e, non ultimo, proprio perché essendo a quell'altezza si evitano le perturbazioni, si vola al di sopra dei temporali, il che significa maggior confort a bordo; l'ideale per un pasto in tranquillità e relativo riposino post prandiale.

Ma nonostante si voli al di sopra alle perturbazioni e questo faccia sì che il volo sia calmo e confortevole, può comunque capitare che qualche fenomeno atmosferico venga a turbare o a ravvivare (a seconda della prospettiva da cui lo si guarda) la nostra paciosa fase di crociera: sto parlando della turbolenza.

# Turbolenze

Le turbolenze sono dei fenomeni che possono verificarsi per diversi motivi: in conseguenza a modificazioni della direzione e dell'intensità del vento, in conseguenza all'attraversamento di nuvole particolarmente dense, oppure anche come effetto del passaggio di un altro aereo che è passato poco prima di noi da quel tratto di cielo che stiamo percorrendo.

Noi le percepiamo come delle oscillazioni che posso avere diverse intensità; la turbolenza viene infatti classificata come leggera, media e forte.

Chiariamo subito che nonostante il momento in cui la turbolenza si verifica sia uno di quelli che tendenzialmente genera più paura nei passeggeri, soprattutto in quelli ansiosi, non rappresenta affatto un fenomeno pericoloso per il volo e per l'aereo, che è progettato per attraversarla in totale sicurezza.

## Il camion e il motoscafo

Per farvi comprendere meglio vi faccio un esempio: non so se avete presente quei camion adibiti al trasporto delle persone in luoghi impervi di montagna o nel deserto; sono generalmente aperti, molto alti, con delle ruote enormi, ammortizzati più di una jeep e i passeggeri stanno seduti sul cassone, quella parte che nei camion commerciali sarebbe invece adibita al trasporto della merce.

Secondo voi questi mezzi hanno una struttura in grado di consentirgli di attraversare tranquillamente una normale strada sterrata di campagna che presenti qualche buca e qualche sasso, giusto?

Ecco, lo stesso vale per l'aereo quando attraversa una turbolenza. Magari starete pensando che questi camion, al pari delle jeep, hanno gli ammortizzatori, mentre gli aerei no; che i camion appoggiano sul terreno, quindi su un materiale duro e stabile e gli aerei no. Quindi, come può reggere questo paragone se nel caso dell' aereo mancano sia gli ammortizzatori che il suolo duro su cui esercitare la loro funzione?

Non vola forse nel vuoto, l'aereo? Non proprio.

L'aria che passa al di sotto delle ali è talmente compressa e rarefatta, sia per via delle caratteristiche che ha ad altezze elevate che per la velocità con cui l'aereo l'attraversa, da essere dura come il cemento. Quindi, quando vi immaginate che l'aereo voli nel vuoto, di fatto non state percependo la cosa com'è realmente. Le ali dell'aereo sono ben ancorate al blocco compatto d'aria che scorre sotto di loro ed è per questo che quando questa sorta di manto stradale fatto di aria compatta presenta delle irregolarità noi sentiamo il tipico ondeggiamento della turbolenza.

Queste irregolarità sono dovute, come dicevamo, a delle variazioni del vento, a nubi particolarmente dense o all'influenza della scia di un aereo passato prima di noi da quelle stesse parti (se fossimo sul camion sarebbero dovute alle buche e ai sassi presenti sul manto stradale, o alle scie impresse nella sabbia che un altro camion potrebbe aver lasciato passando prima di noi).

Per farmi capire ancora meglio farò sinteticamente un altro esempio pensando stavolta non al camion e al trasporto su terra, ma al motoscafo e al trasporto su acqua: quando siamo su un motoscafo e davanti a noi passa un'altra imbarcazione è naturale che per qualche istante "balleremo" un po' per effetto del suo passaggio, giusto? Ecco, idem con l'aereo, perché anche l'aria, al pari dell'acqua, è un fluido. Nel nostro caso però, a differenza che per le imbarcazioni, gli aerei sono iper regolamentati e controllati costantemente nelle loro rotte e nelle distanze da mantenere (oltre ad avere sofisticati radar e sistemi di sicurezza), quindi possiamo stare più che tranquilli.

Per quanto invece riguarda la solidità e la durezza: se provate ad andare ad alta velocità su un motoscafo vedrete che non appena incontrerete qualche onda sul vostro tragitto, l'acqua che prima vi sembrava una superficie morbida e inconsistente si farà sentire in tutta la sua durezza e avrete l'impressione di colpire una superfice solida con lo scafo. Ora, nel caso dell'aereo le onde sono le correnti d'aria e al posto del fluido acqua abbiamo il fluido aria.

Mi auguro che queste immagini possano aiutarvi nel realizzare che in realtà, anche se a prima vista non vi sembra così, non siete affatto sospesi nel vuoto, ma ancorati all'aria. È per questo che un aereo, anche qualora dovesse finire il carburante, evenienza improbabilissima anche perché per legge da un po' di anni a questa parte gli aerei volano sempre con una riserva aggiuntiva di kerosene, si troverebbe a planare e non a precipitare.

Tenete conto che, dall'altezza di crociera, un aereo di linea può planare per circa trecento chilometri proprio come un aliante.

Colgo l'occasione anche per sfatare il mito del "vuoto d'aria": semplicemente non esiste. Quello che in gergo comune viene chiamato così non è altro che una corrente d'aria proveniente dall'alto che va verso il basso e che può far perdere qualche metro di quota all'aereo, nulla di più. Quindi, nessun vuoto in cui precipitare, solo una discesa momentanea e circoscritta che non rappresenta niente di pericoloso.

***

<u>Le ali</u>

Tornando ora al paragone stradale: e gli ammortizzatori? Dove sarebbero sull'aereo? Probabilmente se non lo sapevate già potreste averlo immaginato a questo punto: gli ammortizzatori sono le ali. E cosa consente alla ali di svolgere la funzione di ammortizzatori? Il fatto di essere flessibili, in grado così di seguire le caratteristiche del "manto stradale" fatto di aria compatta che scorre sotto di loro, irregolarità comprese.

Inoltre, le ali non sono solo flessibili, ma anche adattabili: nel senso che hanno la possibilità di modificare il proprio profilo attraverso *flaps* e *slats*, superfici mobili in grado di aumentarne l'area. Quindi, se durante il volo vedrete le ali flettersi e i motori ad esse attaccati "ballare", state pure tranquilli, è un bene che sia così, sono gli ammortizzatori dell'aereo che svolgono una delle funzione per cui sono stati progettati.

Allo stesso modo, se durante una qualunque fase del volo doveste sentire delle variazioni di rumore nel sottofondo del consueto ambiente sonoro a cui si erano abituate le vostre orecchie, queste potrebbero benissimo dipendere all'attivazione di *flaps* e *slats* che cambiando il profilo alare vanno a modificare il suono prodotto dall'aria che scorre sopra e sotto alle ali (oppure dalle vostre orecchie che potrebbero essersi tappate o stappate per via di leggere variazioni della pressione presente in cabina).

Le ali rappresentano uno dei tanti esempi di come flessibilità, capacità di adattamento e resistenza possano compenetrarsi e di come quando ciò accade (anche nella nostra vita) possano aprirsi delle possibilità altrimenti irraggiungibili. Se le ali dell'aereo non fossero flessibili e adattabili non sarebbe possibile volare, o meglio, sarebbe forse possibile fino alla prima turbolenza, che finirebbe poi inevitabilmente per danneggiarle rendendo di conseguenza impraticabile il proseguio il volo.

Lo stesso dicasi anche per gli alberi che, attraverso flessibilità e resistenza, riescono ad evitare che il vento li spezzi. E lo stesso vale anche per noi:

*è la nostra flessibilità e la nostra capacità di adattamento sia fisico che psicologico a consentirci di superare momenti critici e traumatici*

attutendone e ammortizzandone l'impatto che altrimenti potrebbe imprimersi su di noi con tutta la sua forza e la sua violenza. Questo è un po' il concetto alla base di quel termine tanto inflazionato oggi, la resilienza[31].

### Nel mezzo della turbolenza

E quindi? Come dovremmo comportarci durante una turbolenza? Io direi esattamente come le ali dell'aereo o, se preferite, come i rami dell'albero.

*Si tratta di danzare la stessa musica del vento e quindi di assecondare i movimenti dell'aereo rimanendo morbidi, lasciandoci trasportare al posto che irrigidirci.*

Se mi avete seguito fino a qui, forse, nella vostra mente sta iniziando a farsi strada l'idea che le turbolenze non siano pericolose come possono sembrare. Ed in effetti è così, se per pericoloso intendiamo dire che potrebbero danneggiare o far cadere un aereo. Ricordatevi che non è mai accaduto nella storia dell'aviazione che un aereo sia caduto a causa della turbolenza, *mai*. Questo è un dato di realtà da non dimenticare.

C'è però da dire che le turbolenze, quando sono severe e quindi catalogate come forti, possono essere pericolose per i passeggeri e per i membri del personale di bordo che nel momento del loro sopraggiungere non si trovano seduti e con le cinture allacciate. In questi casi la pericolosità è data dal fatto che le sollecitazioni e le

---

[31] In fisica, capacità di un materiale di assorbire un urto senza rompersi. In psicologia, la capacità di un individuo di affrontare e superare un evento traumatico o un periodo di difficoltà.

oscillazioni potrebbero farci perdere l'equilibrio e farci cadere o portarci a sbattere contro a qualcosa.

Questa è l'unica potenziale pericolosità delle turbolenze, resa ancora inferiore dal fatto che, avendo i piloti il bollettino meteo sia prima di partire che in tempo reale durante il tragitto e, in aggiunta ad esso, anche il radar di bordo che gli consente di vedere le zone soggette a turbolenza, queste vengono di conseguenza aggirate. È per questo che a volte i piloti ci avvertono ancora prima della partenza che incontreremo delle zone di turbolenza, lo sanno già dal bollettino, ed è sempre per lo stesso motivo che capita anche di veder accendersi il segnale di obbligo di allacciare le cinture di sicurezza ancora prima di entrare in un'area di turbolenza; perché i piloti la vedono in anticipo dal radar di bordo.

Se ritrovarsi all'interno di una leggera turbolenza è cosa piuttosto usuale, attraversarne una moderata è meno probabile, mentre una forte è un evenienza davvero molto rara.

Quelle poche volte che ciò accade è per via del fenomeno chiamato "turbolenza in aria chiara" nel quale la perturbazione non viene vista dal radar di bordo. L'evenienza che accada è rara sia perché il fenomeno stesso è raro che per il fatto che appena un aereo attraversa una di queste zone avverte via radio gli altri aerei sulla stessa rotta, in modo che possano aggirarla. Un po' come faremmo noi che trovando un imprevisto per strada lo comunicheremmo telefonicamente ad un nostro amico partito poco dopo e diretto nella nostra stessa direzione, per far sì che non incappi nella medesima situazione.

Alla luce di tutto questo, direi quindi che possiamo star ben tranquilli anche nel mezzo di una turbolenza. Ma, se nonostante ciò la nostra parte irrazionale non riuscisse comunque a tranquillizzarsi e dovessimo accorgerci che durante una turbolenza il nostro corpo incomincia come a tendersi e a irrigidirsi, prendiamone semplicemente atto con consapevolezza e accettazione, rimaniamo con la cintura di sicurezza allacciata, ricordiamoci quanto appena detto e vediamo se è possibile ammorbidirci attorno alla tensione e lasciare che si sciolga gradualmente da sé, *lasciamo essere* e *lasciamo andare*, magari anche praticando uno degli "esercizi" che abbiamo visto insieme più indietro.

# L'atterraggio

Poco prima che abbia inizio la fase di atterraggio potrete iniziare a sentire il rumore del vento farsi più intenso, questo per via dei *flaps* e degli *slats* che aprendosi consentono all'aereo di volare andando a velocità ridotta. Oltre a ciò, potreste anche avere la sensazione fisica che l'aereo stia come frenando e in un certo senso è effettivamente così. Altro rumore che sentirete, sia meccanico che dato anche in questo caso dall'attrito del vento, sarà quello dell'uscita del carrello.

In ogni caso, quando avrà inizio la vera e propria fase di discesa per l' atterraggio sentirete il comandante annunciarla in cabina allo stesso modo in cui alla partenza aveva annunciato di prepararsi al decollo: *"cabin crew prepare for landing"* e quest'annuncio, se possibile, suona alle mie orecchie ancora meglio del precedente!

Quindi dovrete riportare il vostro schienale in posizione verticale, chiudere il tavolino ripieghevole, allacciarvi le cinture e pregustarvi il momento tanto atteso dell'arrivo. Per quanto mi riguarda, l'atterraggio è sempre stata una fase di discesa in tutti i sensi. Vedere che ormai la meta è quasi raggiunta e sapere che ho percorso tutta quella strada mi fa sentire che il più è andato. A volte ho fotografato la mappa di volo che è consultabile in tempo reale dallo schermo personale, quasi a voler conservare un ulteriore testimonianza che ho percorso tutto quel tratto di cielo, che ho accettato di rimanere sospeso, magari con al di sotto di me solo l'oceano, dietro di me migliaia di chilometri che mi separavano dalla costa di partenza e davanti a me migliaia di chilometri che mi separavano dalla costa di arrivo.

## Il punto equidistante

A questo proposito devo dire che c'è un punto, non solo in aereo, in cui ci troviamo proprio lì nel mezzo, quel punto equidistante da tutto in cui potremmo anche avere come l'impressione di essere persi nel nulla, nonostante in realtà non sia davvero così; quel punto nel quale potremmo sentirci intrappolati e in cui sembra mancare la via di fuga perché non c'è una strada più corta dell'altra per uscire dalla situazione in cui ci troviamo. Quel punto in cui potremmo sentire la tentazione di tornare indietro, ma anche la spinta a proseguire.

Credo che molte vicende importanti della nostra vita si giochino in quell'area di mezzo caratterizzata da una grande ambivalenza che ci fa dire *"cosa faccio? Proseguo o torno indietro?"*. Ovviamente in aereo non possiamo tornare indietro fisicamente, ma questa dinamica possiamo viverla internamente, cioè: man a mano che ci avviciniamo a quel punto critico che sta a metà del tragitto, *la nostra percezione può avere una svolta* e così, la base sicura che inizialmente corrispondeva al punto di partenza, inizia a diventare, al contrario, proprio il punto d'arrivo, quello che prima ci spaventava.

Che è come dire che

*la paura di partire viene sostituita dalla paura di non arrivare.*

Il che può sembrare la stessa cosa ma, nonostante ci siano certi aspetti in comune, ci sono anche delle sottili e fondamentali differenze.

Anche quando penso al mio lavoro, oltre che alla mia esperienza personale, mi rendo conto che è così: quando ci imbarchiamo in un percorso psicoterapeutico profondo spesso sentiamo la tentazione di tornare indietro proprio quando iniziamo ad avvicinarci a quel punto critico, quando la distanza dalla "costa di partenza" inizia ad essere parecchia e quella della "costa d'arrivo", che per altro è anche per lo più sconosciuta, ci sembra essere anch'essa tanta, a volte anche troppa.

Per di più lì non c'è nemmeno una rotta precostituita da seguire perché verrà scritta strada facendo a quattro mani, da noi e dal terapeuta, il quale conosce sì la direzione, ma la rotta specifica per seguire quella direzione è sempre da co-costruire, da tracciare insieme, non può mai essere la stessa per tutti (anche per questo rigetto i protocolli terapeutici che a mio parere uccidono la creatività del cliente, del terapeuta e della terapia stessa), spesso bisogna accettare di navigare a vista e anche per un bel po'. Nessuna garanzia quindi, nessuna certezza. Devo dire che serve molta fiducia da entrambe le parti, in noi, nella persona che abbiamo di fronte (a prescindere da su quale poltrona siamo seduti) e nella vita stessa.

È in quel punto che è possibile vedere chi ha il coraggio di proseguire ad esplorare e chi, troppo impaurito di lasciare il già noto rispetto a sé stesso e alla propria vita, per il nuovo, sceglie invece di fermarsi o di fare dietro front. E non significa che l'uno sia meglio o peggio dell'altro perché non per tutti ha senso proseguire e non per tutti è quello il momento giusto per farlo, dipende. In ogni caso, la fase intermedia, quella dell'ambivalenza e della titubanza, può anche durare a lungo. In questa circostanza è molto importante che il nostro compagno di viaggio sappia fare il possibile per affiancarci stando al nostro ritmo, magari anche ipotizzando insieme degli "scali" intermedi.

Non è obbligatorio che viaggiamo, di qualunque viaggio si tratti, sia interiore che non, per sentirci dei degni esploratori e allo stesso modo non è obbligatorio che se viaggiamo il nostro viaggio debba essere un viaggio di almeno un certa distanza da casa perché possa avere un valore e un senso. Nulla di tutto questo è obbligatorio e se doveste invece sentire che per voi le cose stanno all'incirca in questo modo, cioè che dovete farlo quasi fosse un dovere, vi invito a fermarvi un attimo e a cercare di comprendere cosa si cela al di sotto di tutto questo.

Obbligatoria secondo me è solo una cosa:

*non tradire la spinta vitale del nostro autentico desiderio, qualunque esso sia.*

(Naturalmente nel rispetto di sé e degli altri).

Ora torniamo alla discesa per l'atterraggio…

***

Vedere la terra avvicinarsi sempre di più e iniziare a guardare se quello che si intravede dal panorama del nostro finestrino corrisponde almeno in parte a quello che avevamo immaginato è già di per sé qualcosa di emozionante. Per lo più, per la mia esperienza, spesso non è possibile vedere granché di interessante perché generalmente gli aeroporti sono posizionati parecchio fuori dalle città e dai loro simboli, ma questo contribuisce ad alimentare l'effetto sorpresa del dopo. Altre volte invece è strabiliante vedere alcune delle icone delle città che abbiamo sognato fare capolino proprio dal nostro oblò.

Mi ricordo l'entusiasmo e lo stupore nel veder spuntare la Tour Eiffel volando sopra Parigi e quell'eccitazione mista alla paura (per tutti i motivi che vi ho raccontato all'inizio) nel veder comparire sullo sfondo lo *skyline* di New York.

Devo dire che queste mini anticipazioni non tolgono nulla all'effetto sorpresa del dopo, anzi, diciamo che sono due effetti sorpresa, uno pre e uno post!

Nel mentre che l'aereo prosegue la sua discesa potrebbe arrivare un po' di turbolenza a farvi visita, il che è del tutto normale per diversi motivi: perché è probabile che scendendo dobbiate attraversare qualche nuvola, perché a destinazione potrebbe esserci brutto tempo e anche perché, essendo l'aereo più vicino al suolo, la presenza degli edifici potrebbe influire sul normale scorrimento del vento; questo, di conseguenza, può generare delle correnti d'aria irregolari.

La stessa cosa capita anche in barca quando dei massi presenti sul fondale marino vanno ad influire sul regolare scorrimento della corrente d'acqua che transita al di sotto dello scafo; nel nostro caso, invece, si tratta della corrente d'aria che scorre sotto alle ali. Vi ricordate quando dicevamo che l'aria è un fluido? Ecco.

Quando ormai mancano soltanto poche manciate di secondi prima che le ruote dell'aereo bacino il suolo potreste, a seconda degli aeroporti, avere l'impressione che non ci sia la pista sotto di voi.

A me a volte è capitato, soprattutto in quegli aeroporti molto vicini ai centri urbani in cui potremmo quasi avere l'impressione illusoria di atterrare in strada, ma a volte anche in quelli completamente in mezzo alla natura, nel verde, oppure in quegli aeroporti che sono collocati direttamente sul mare. Per esempio: atterrando sia a San Francisco che a Palermo mi ricordo di aver pensato "oh, ma dove cavolo è la pista?!" (perché ok che sono il nipote di un pilota di idrovolanti, ma preferirei atterrare sull'asfalto).

State tranquilli, i piloti sanno quello che fanno e pensate che ad oggi gli aerei, volendo, sono in grado di atterrare addirittura anche da soli, in autonomia, col pilota automatico, quindi...

Ok, ci siamo, l'aereo si bilancia come farebbe un bravo equilibrista, stiamo per toccare il suolo, il muso si alza leggermente e possiamo apprezzare il soffio delicato della planata che termina poi con il bacio tra le ruote del carrello e l'asfalto. Questo bacio può essere più o meno delicato a seconda delle circostanze esterne e delle intenzioni stesse del pilota; ad esempio, in caso di pioggia o neve è consigliabile un atterraggio più deciso, più netto. A prescindere dal fatto che il bacio tra ruote e asfalto sia stato più all'insegna della tenerezza o della passione, i primi istanti dell'atterraggio sono piuttosto intensi: l'aereo frena con *flaps* e *slats*, oltre che con i freni delle ruote del carrello e con gli inversori di spinta che fanno sì che i motori funzionino al contrario.

Dopo una ventina di secondi rumorosi e concitati, l'aereo rallenta e si avvia verso il gate dell'aeroporto con lo stesso passo calmo e tranquillo che aveva durante il rullaggio iniziale.

# L'arrivo

Questo momento è splendido, ce l'abbiamo fatta, siamo arrivati, abbiamo raggiunto il posto che avevamo tanto sognato e ora non ci resta che vivere al massimo il nostro tempo, all'insegna della totale libertà, sapendo che per tutti i giorni che avremo davanti a noi non dovremo far nulla di diverso da quello che sentiamo che abbiamo voglia di fare.

Wow, cosa c'è di meglio di questo? Al momento non mi viene in mente nulla. L'unica cosa che ci si avvicina è la sensazione che provavo quando da piccolo andavo a passare una giornata al parco divertimenti. Ricordo bene come vivevo le giornate a Gardaland: parentesi incantate fatte di un tempo e di uno spazio in cui l'unica preoccupazione era quella di seguire il desiderio cavalcando l'onda dell'entusiasmo, della fantasia e dell'avventura.

Guardato da una certa prospettiva il mondo stesso può essere visto anche come un grande parco divertimenti, ci sono un sacco di cose da scoprire, un sacco di potenziali esperienze da vivere che aspettano solo noi.

Qualcuno potrebbe pensare che questa sia una prospettiva regressiva o bambinesca. Beh, potrebbe anche esserlo, ma per come la vedo io e da dove la vedo io, mi vien da dire "ben venga"!

Il nostro genitore "sufficientemente buono[32]"

Sono tante le linee di pensiero, anche terapeutiche, che ci incitano ad essere adulti ed io stesso credo che questo sia fondamentale per il nostro benessere, ma essere adulti significa anche sapersi prendere cura della nostra parte bambina e questo non solo quando si ha bisogno di conforto, guida e rassicurazione, ma anche quando ha bisogno di divertimento, leggerezza, e gioia. Credo che ogni adulto debba conservare il contatto con la parte bambina che abita in lui, perché spesso è quella da cui origina l'entusiasmo, la voglia di vivere, la capacità di sognare e di giocare, a qualunque età.

Un adulto che perde il contatto con questa dimensione generativa diventa un grande che non sa più essere anche piccolo, diviene un mondo chiuso, grigio, avvolto in una presunta maturità che in realtà spesso non è altro che un'austera seriosità. Credo che i bambini si accorgano piuttosto bene di come stanno questi aspetti negli adulti che hanno attorno a loro; lo sentono quanta vita c'è dentro di noi…e quanta vita c'è in noi dipende secondo me in buona parte anche da quanto siamo in contatto con la nostra parte bambina.

Capita di sentir dire che il fine ultimo di una terapia è che la persona riesca a divenire il genitore di sé stesso. Sono d'accordo, aggiungerei però che riesca a divenire *il genitore sufficientemente buono* di sé stesso, quindi in grado sì di

---

[32] Termine coniato dal pediatra e psicanalista inglese Donald Winnicott.

guidarsi e supportarsi, di darsi conforto, ma anche di giocare concedendosi e promuovendo gli spazi necessari per il divertimento, lo svago, il gioco e la leggerezza. E non è questione di immaturità, perchè solo chi è diventato grande può permettersi di ritornare piccolo pur rimanendo adulto.

***

Siamo arrivati, e come spesso accade, ogni arrivo rappresenta anche un punto di partenza. In questo caso, da qui in poi non parte solo il nostro viaggio, quello è già partito ancora quando abbiamo iniziato a sognarlo, ora inizia a prender forma un'altra fase del viaggio tutta da scoprire, da godere e da vivere.

Durante tutto il tragitto che intercorre tra la pista di atterraggio e l'aeroporto dovrete rimanere seduti e tenere le cinture allacciate fino a quando non si spegnerà il corrispondente segnale luminoso. A quel punto ci sarà un altro applauso meccanico collettivo dato dai "click" e dai "clack" delle fibbie delle cinture. Partecipate a questo applauso meritato e gustatevelo ricordandovi che, insieme ai piloti che hanno guidato l'aereo, al personale di volo che si è preso cura di voi in cabina, all'aereo stesso che vi ha trasportato, ai controllori di volo che come angeli custodi vi hanno seguito da lontano stando con voi per tutto il tempo pur non essendoci fisicamente e a tutto il personale che ruota attorno all'aero, dai meccanici agli ingegneri e chi più ne ha più ne metta, ci siete anche *voi* che meritate quell'applauso.

*È l'applauso per aver messo al comando della vostra vita il desiderio al posto della paura.*

È fondamentale che vi ricordiate di questo e di questa esperienza. A questo proposito il mio invito, per far sì che non corriate il rischio di lasciar sbiadire questo ricordo che vi ha visti protagonisti della vostra vita e fare in modo che si iscriva indelebilmente nella vostra memoria, è questo:

*prima di lasciare l'aereo fatevi una foto di voi con l'aereo.*

Scegliete voi come farla: soli, con la persona con cui avete viaggiato, in cabina nel vostro posto a sedere, oppure appena usciti dall'aereo lasciando che lo si intraveda sullo sfondo. Insomma, scegliete voi come scattarla, l'importante è che in quella foto ci siate sia voi che l'aereo. Dopo che l'avete fatta, volendo, potete stamparne una copia e incollarla qui sotto, magari potrebbe tornarvi utile averla proprio in questo libro…

Se vi va potere anche scrivere qui sotto qualche frase per voi significativa, riferita a questa esperienza…

# E ORA?

*'Finché il sole sarà in cielo e il deserto sarà di sabbia*
*Finché le onde si agiteranno nei mari e lambiranno le terre*
*Finché ci sarà vento e stelle e l'arcobaleno*
*Fino a quando le montagne si sgretoleranno*
*trasformandosi in pianure*

*Oh sì, continueremo a provare*
*a camminare su quel filo sottile*
*Oh, continueremo a provarci, sì*
*Mentre passa il nostro tempo"* [33]

---

[33] Traduzione italiana dal testo del brano "Innuendo" dei Queen, 1991.

# Cosa dice questo di me?

La foto che avete attaccato (o che eventualmente attaccherete) rappresenta simbolicamente qualcosa che potrà rivelarsi anche molto prezioso perché noi abbiamo bisogno di avere delle testimonianze che ci ricordino quello che siamo, evidenze che ci rimandino un'immagine realistica di noi, delle nostre capacità e possibilità. Ne abbiamo bisogno perché spesso, nonostante riusciamo a vivere delle esperienze che disconfermano l'idea distorta che possiamo avere di noi stessi (come quando riusciamo a prendere l'aereo pur avendo l'idea di non essere in grado di farlo), facciamo molta fatica ad integrare all'interno dell'idea che abbiamo di noi stessi quelle evidenze che dicono di noi che in realtà siamo in grado; è come se in qualche modo non riuscissimo ad aggiornare la nostra immagine alla luce dei fatti.

## Il nostro concetto di Sé

Carl Rogers[34] chiama "Concetto di Sé"[35] questa idea/immagine che abbiamo di noi, che corrisponde alla nostra autopercezione globale e alla valutazione delle varie caratteristiche che la compongono, che di

---

[34] Psicoterapeuta rivoluzionario, fondatore dell'Approccio Centrato sulla Persona.

conseguenza potrà essere ai nostri occhi più o meno positiva.

Noi come esseri umani abbiamo il bisogno di costruire e attenerci ad un immagine di noi globale che sia coerente e unitaria, si tratta di un bisogno di identità intrinseco che ci riguarda tutti. Talvolta questo bisogno diventa così pressante e rigido che finiamo per lasciare fuori dalla nostra consapevolezza tutte le esperienze che non sono in grado di soddisfarlo. Questo purtroppo accade anche quando le conferme date dalla realtà dei fatti ci rimandano un'immagine reale di noi che è più positiva di quella da noi percepita.

Perché accade questo? Perché la familiarità per noi esseri umani è sempre stata imparentata con la sicurezza. Il che equivale a dire che: pur di non andare incontro ad una possibile "crisi d'identità" rimaniamo aggrappati ad un immagine distorta di noi stessi in quanto, proprio perché familiare, risulta ai nostri occhi (talvolta perversamente) rassicurante. Sul come mai possiamo avere quell'immagine da confermare ai nostri occhi, come mai capita che ci percepiamo in modo distorto, il discorso è piuttosto ampio e ha molto a che fare con dinamiche interne che si sono sviluppate in conseguenza a dinamiche esterne, relazionali. Per quanto riguarda questo contesto limitiamoci a dire che se gli "specchi" (ovvero le nostre persone di riferimento) che abbiamo trovato quando siamo venuti al mondo ci hanno riflesso un'immagine realistica di noi è difficile che tutto ciò possa accadere.

Dobbiamo considerare che ogni incongruenza che sentiamo riguardarci ci porta potenzialmente ad un conflitto interno ed ogni conflitto interno può portarci ad una crisi ed ogni crisi può aprirci alla possibilità della riorganizzazione (in questo caso alla riorganizzazione della nostra stessa immagine) e molti di noi sentono questa eventualità troppo rischiosa, sono spaventati dallo scoprire che potrebbero ritrovarsi diversi da come pensavano di essere e quindi finiscono per arroccarsi sempre più nella fortezza dell'idea che hanno di loro ignorando al contempo ogni elemento capace di metterla in dubbio o di metterla in crisi.

Ora traduciamo tutto questo in un botta e risposta partendo proprio dall'esperienza del prendere l'aereo e andando poi man mano ad allargare la questione…

Cosa accade nel momento in cui io, che ho paura di volare perché non mi percepisco in grado di farlo, volo e riesco a far fronte a quest'esperienza?
*Accade che si genera una conflitto interno.*

In che senso?
*Nel senso che la mia idea di non essere in grado di volare si scontra con l'esperienza vissuta che la disconferma.*

Quindi, qual è il conflitto?
*Che io non so più quale sia la verità: la verità è che non sono in grado di volare, come penso, oppure che sono in grado di volare come mi dice l'esperienza vissuta?*

E cosa accade se mi soffermo su questo conflitto per comprendere meglio la situazione, anzichè evitarlo?
*Che potrei anche andare in crisi.*

Perché potrei andare in crisi?
*Perché potrei rendermi conto che tante scelte che ho fatto nella mia vita, che mi hanno portato a evitare di "provare a volare", non erano dettate da ciò che io volevo veramente, ma dalla mia paura e dall'idea distorta che avevo di me.*

E se mi rendessi conto di questo cosa rischierei?
*Rischierei di rileggere da una prospettiva diversa il mio passato e di sentire che la vita che avevo deciso di fare era in qualche modo un ripiego, che me l'ero raccontata.*

E questo cosa potrebbe comportare?
*Questo, oltre a poter essere anche notevolmente impattante a livello emotivo, mi metterebbe poi in una posizione dalla quale non potrei più fare finta che non sia così, non potei più raccontarmela e quindi mi ritroverei nella possibilità di cambiare o addirittura rivoluzionare la mia stessa vita.*

Perché tutto questo?
*Perché sono entrato in contatto con la mia verità emotiva e con essa anche con la forza propulsiva della verità del mio autentico desiderio, con quella forza intrinseca che Rogers chiama "tendenza attualizzante".*

Questo è solo un esempio e nel corso di questo botta e risposta ho allargato volutamente lo zoom alla vita in generale perché anche questo discorso, come tanti altri che abbiamo fatto fino a qui sul volo, non vale solo per questa specifica circostanza.

<u>Qual è la verità?</u>
Torniamo al dilemma circa qual sia la verità: la verità è che non sono in grado di volare, come penso, oppure che ne sono in grado, come mi dice l'esperienza vissuta? Probabilmente se ponessimo questa domanda a Carl Rogers, lui ci risponderebbe:

*"I fatti sono amici"*

intendendo dire con questo che i fatti hanno sempre la capacità di dire qualcosa di noi, ma dobbiamo imparare a notarli, ad ascoltarli e poi ad integrarli nella nostra consapevolezza, nel nostro concetto di Sé. Solo allora i fatti diventano davvero nostri amici, perché ci riflettono la nostra immagine reale, se solo glielo consentiamo.
Questa è la via del cambiamento: darsi delle *chances,* quindi darsi la possibilità di fare esperienze e imparare da quelle esperienze integrandole nel nostro concetto di Sé. Questo ci consente di rimanere sempre aperti, mai definitivi, ma suscettibili di continue revisioni nel corso del tempo, di continui aggiornamenti, incrementi ed ampliamenti, in due parole: questo ci consente di rimanere *vivi e vitali.*
Tutto ciò si traduce in un'immagine di noi stessi flessibile, dinamica, mai statica e men che meno definitiva; esattamente   il contrario di quello che

intendiamo dire quando diciamo *"io sono fatto così"*. Raramente ho sentito affermazioni più rischiose di questa, che di fatto esclude implicitamente ogni qualsivoglia possibilità di crescita e di cambiamento (alla faccia del mito diffuso di dover essere coerenti a tutti i costi!).

Per favorire la nostra crescita e poter così incarnare le nostre potenzialità mettendole in essere abbiamo bisogno di metterci in discussione, di prendere sempre come provvisorio quello che pensiamo su di noi e sul mondo. Perché il dubbio, alle giuste dosi, ci fa sempre bene, *il dubbio apre*. Non intendo il dubbio che paralizza, blocca e invalida noi stessi, ma quello che tiene in considerazione *la possibilità che ci siano altre possibilità*. A tal proposito diventa fondamentale concederci di far esperienza e riflettere poi sull'esperienza fatta domandandoci, per esempio:

*"cosa dice questo di me?"*

E invece, spesso, evitiamo addirittura di concederci l'esperienza perché crediamo e diamo credito a quello che ci raccontiamo o a quello che ci propone la nostra mente. Vi ricordate di *tele paura?* e vi ricordate anche quando un po' di pagine indietro vi dicevo che non dobbiamo per forza credere a tutto quello che ci racconta la nostra mente? Ecco, vale anche quando le cose che dice riguardano noi stessi, perché anche in questo caso ci sono canali che tramettono notizie reali e altri che trasmettono notizie distorte e se noi diamo credito a queste ultime corriamo il rischio di finire col non concederci mai delle *chances*.

E come facciamo a capire quali canali sono affidabili e quali no? Basandoci sull'*evidenza,* cioè, sui quei canali che si basano su fatti *reali* e *attuali.*

Quado invece riusciamo a concederci qualche *chances* e quindi ci permettiamo di vivere l'esperienza, spesso evitiamo di soffermarci su di essa facendoci questa piccola ma potente domanda *"cosa dice questo di me?".* Ciò avviene perché, se è vero che quando dobbiamo prendere l'aereo possiamo aver paura di partire, e quindi di lasciare la nostra base sicura, è vero anche che allo stesso modo possiamo aver paura di lasciare la base "sicura" delle convinzioni che abbiamo circa noi stessi, il timore di abbandonare quell'immagine conosciuta, familiare e talvolta cristallizzata che abbiamo di noi, anche nel caso in cui questa risulti essere distorta in negativo e limitante per la nostra vita (c'è un che di masochistico in questo).

Qualcuno, come dicevamo, parla a tal proposito di difficoltà ad abbandonare la propria *comfort zone;* per certi versi effettivamente è così, ma pensiamoci bene…di che tipo di comfort stiamo parlando? Come dico spesso ai miei clienti, si tratta più della *zona della tristezza* che della zona di comfort, oppure, se proprio vogliamo chiamarla così, della *sad comfort zone.*

E così, tronando alla nostra fatidica domanda *"cosa dice questo di me?"*, mettiamo che vi siate già concessi di volare e siate riusciti a far fronte a questa esperienza e quindi abbiate anche attaccato la vostra foto all'interno di questo libro (se non lo avete ancora fatto, va bene lo stesso, immaginate il momento in cui lo farete).
Se provate a porvi la fatidica domanda *"cosa dice questo di me?"* cosa vi viene naturale rispondere?...prendetevi un attimo prima di proseguire...

Magari potreste scoprire diverse cose riguardo voi stessi, facciamo qualche esempio: magari che *pensavate* di aver paura dell'aereo ma *in realtà* non è stato così, oppure, potreste scoprirete di avere sì paura dell'aereo, ma anche il coraggio di affrontarla e gestirla. In questo caso con ogni probabilità arriverete a comprendere una cosa molto importante, che...

*un conto è aver paura e un altro è non essere in grado.*

### Il magnete e le viti di gomma

Dobbiamo poi tenere in considerazione che parallelamente alla tendenza a non integrare nel nostro concetto di Sé tutte quelle esperienze che possono risultarci dissonanti, siamo anche contemporaneamente inconsapevolmente impegnati a fare esattamente il contrario, cioè, a ricercare con una sorta di inconscia attenzione selettiva tutti quegli elementi e tutti quei fatti che in qualche modo confermano proprio l'idea familiare e definitiva che abbiamo di noi stessi.

Potremmo dire che in questo caso ci comportiamo come farebbe un potente magnete che incontrando sul proprio tragitto delle viti di metallo le attirerebbe a sé in automatico, lasciando fuori dal suo raggio d'azione tutto ciò che di metallico non è (nel nostro caso tutto ciò che non corrisponde all'immagine che abbiamo di noi) proprio come accadrebbe qualora il magnete si trovasse ad incontrare sul suo percorso delle viti di gomma. Un magnete, infatti, non è in grado di attrarre a sé delle viti di gomma (nel nostro caso i fatti che non sono coerenti con il nostro concetto di Sé). Queste sono sempre viti, sì, ma non familiari, non coerenti con la percezione che abbiamo di noi e quindi, di conseguenza, vengono lasciate lì (nel nostro caso, non vengono integrate nell'immagine che abbiamo di noi stessi).

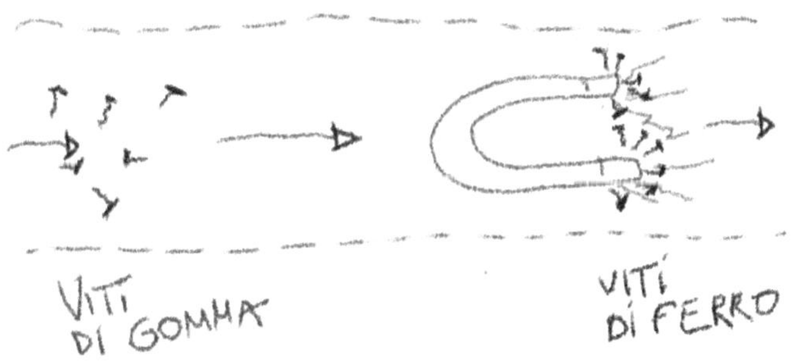

Anche per questo in terapia si riflette molto sulle esperienze vissute e cioè si parla tanto di fatti di ogni tipo; non solo perché questo ha un effetto catartico e liberatorio, ma anche e soprattutto perché di fronte ad una persona, il terapeuta, che nota il funzionamento del magnete (il nostro funzionamento e quindi anche come costruiamo e decodifichiamo le esperienze) e ce lo restituisce sforzandosi di riflettercelo nello stesso modo in cui farebbe uno specchio, ovvero il più possibile fedelmente e senza distorsioni, diventa più facile aumentare la nostra consapevolezza, conoscerci e riconoscere come funzioniamo; diventa quindi possibile scoprire che i fatti sono amici e integrare così anche tutte quelle esperienze che dicono di noi e che, per svariati motivi, vengono escluse da una sorta di filtro automatico che le taglia fuori allo stesso modo in cui il magnete della nostra metafora ignorerebbe le viti di gomma. Quindi, diventa in questo modo possibile cambiare divenendo ciò che realmente siamo.

Torniamo ora alla vostra foto con l'aereo che vi ho invitato a scattarvi: a cosa serve quella foto? stando nella metafora che ho appena fatto è come se quella foto ritraesse una di quelle potenziali viti di gomma che verrebbero ignorate. Il mio intento è far sì che voi possiate notare quell'esperienza, evidenziarla ed evitare che cada nell'oblio; fare in modo che diventi un simbolo capace di ricordare a voi stessi che *"siete stati in grado di..."*, una testimonianza che dice di voi che *"siete in grado di..."*.

Questo è molto importante perché spesso corriamo il rischio di dimenticarcelo su molte cose che *"siamo in grado di..."* e allora dobbiamo fare in modo di ricordarcelo e non solo, dobbiamo ricordarci anche che spesso questo ce lo dimentichiamo! (perdonate il gioco di parole) Che equivale a dire che dobbiamo anche ricordarci la nostra tendenza a funzionare come magneti selettivi.

Così, alla luce di tutte queste consapevolezze, anche nei momenti in cui siamo presi dall'ansia e dallo sconforto avremo la possibilità di supportarci allo stesso modo in cui farebbe un buon genitore di fronte al proprio figlio che, pur essendo già andato in bici (per esempio), fosse convinto di non riuscirci più.

Nel nostro caso, quel genitore potrebbe ricordarci che siamo già stati in grado di prendere l'aereo e che ci conosce bene e lo sa che spesso dubitiamo delle nostre capacità anche di fronte ad esperienze che in realtà sono a tutti gli effetti alla nostra portata. Questo è ciò che farebbe un buon genitore e che noi stessi possiamo fare con la nostra parte insicura, ma non con sguardo perentorio, bensì, con uno sguardo morbido e amorevole; senza rifiutare o giudicare la nostra paura, ma accogliendola e sciogliendola con l'antidoto dell'affetto, della tenerezza e della fiducia.

# Non servono ali così grandi

A proposito di aerei e di *"essere in grado di"*: vi ho detto fin dalle prime pagine che il volo e gli aerei hanno da sempre esercitato un certo fascino su di me e devo dire che spesso hanno abitato anche il mio mondo onirico. Mi è capitato spessissimo in passato e mi capita ancora oggi di fare sogni in cui salgo su un aereo e gli sviluppi di questi sogni sono sempre stati simbolicamente molto in linea con ciò che stavo vivendo o che avrei di lì a poco vissuto nella mia vita. Posso dire che molti dei sogni che sento essere stati per me particolarmente emblematici e significativi hanno avuto a che fare proprio con la dimensione manifesta del viaggio in aereo. E ricordo che spesso, in certe circostanze nelle quali mi trovavo a dubitare profondamente delle mie capacità riguardo a qualcosa e quindi non mi percepivo *in grado di,* mi capitava di sognare di dover decollare e che le ali dell'aereo fossero troppo grandi, perché il viaggio da fare in realtà era corto, giusto un piccolo spostamento di meno di un'ora, non serviva un Boeing 747 con un apertura alare di 70 metri! Ma per me, per la mia parte insicura, evidentemente si; come se ci fosse bisogno di ali immense anche solo per un piccolo viaggio.

Di fatto, in questi miei sogni l'aereo era troppo grande e la sua apertura alare non rappresentava quindi un vantaggio ma, al contrario, un pericolo, perché rischiava di far andare l'aereo ad urtare contro gli elementi che c'erano ai lati della pista o della strada (spesso ho sognato di decollare dalla strada e a volte perfino da una galleria).

Poi, in qualche modo inspiegabile, nei miei sogni l'aereo ce la faceva sempre a decollare e magicamente, contro ad ogni legge della fisica, non andava a sbattere contro a nulla. L'ansia in quei sogni ricorrenti non era quindi tanto legata al volo, ma più alle condizioni presenti prima del decollo, alla possibilità o meno, che il decollo fosse fattibile. Come abbiamo visto, quelle ali così grandi non solo erano inutili, ma anche rischiose e quindi il pericolo era dato paradossalmente dalla mia stessa necessità di essere iper sicuro, di avere tutto sotto controllo, di avere delle ali con le quali fosse possibile attraversare anche l'intero oceano. In realtà tutto questo non serviva, sarebbe bastato molto meno, anzi, se io avessi scelto un aereo non sovradimensionato, ma solo sufficientemente adeguato rispetto al viaggio che dovevo fare, probabilmente non ci sarebbe nemmeno stato motivo di essere in ansia per il decollo.

Cosa volevano comunicarmi questi sogni? che ero già *in grado di* ma non me ne rendevo conto e questo mi faceva sentire l'esigenza di mettermi al sicuro con un aereo sovradimensionato ed iper equipaggiato che poi diveniva paradossalmente proprio per questo motivo causa dell'ansia e dell'eventuale incapacità di decollare.

A proposito, se di fronte ai fatti della nostra vita ho imparato che ha senso chiederci *"cosa dice questo di me?"*; rispetto ai sogni ho imparato che ha senso, allo stesso modo, chiederci:

*"cosa sta cercando di comunicarmi questo sogno?"*

Anche in questo caso c'è la possibilità che scopriamo qualcosa di molto significativo, magari subito, magari mai, oppure, anche dopo molto tempo che ci siamo posti questa domanda. Anche per quest'ultimo motivo mi scrivo sempre i sogni che sento avere intuitivamente qualcosa di significativo da dirmi, anche quando il significato mi sfugge e mi appaiono come avvolti nel mistero, oscuri enigmi dei quali sembra non potrò avere mai la "soluzione". Che poi, rispetto ai sogni, non c'è mai la soluzione definitiva e nemmeno una sola soluzione perché, al pari delle opere d'arte, quello che vediamo dipende sempre dalla prospettiva da cui li osserviamo e proprio come le opere d'arte, anche i sogni conservano sempre una parte di mistero che sfugge ad ogni tentativo di disvelamento.

Quando le persone che incontro in studio fanno riferimento alla loro vita onirica, oltre ad esplorare insieme i loro sogni, le loro opere d'arte autoprodotte, li invito a considerare la possibilità di scrivere quelli che sentono significativi per poi contemplarli e interrogarli nei nostri incontri. Credo che interrogare i sogni sia una delle cose più feconde che si possa fare con essi, perché può portare a risposte importanti, come anche ad ulteriori significative domande rispetto a noi stessi e alla nostra vita.

# Trasformare la paura



Qualche paragrafo più in dietro siamo partiti dal sogno e ora abbiamo appena finito di parlare di sogni. Allo stesso modo, siamo partiti dalla paura e ora mi auguro che siamo arrivati alla paura.

Perché? In che senso?

Capisco che potreste pensare che non abbia senso, che vi trovereste e ci troveremmo punto e a capo. Quello che intendo dire è che mi auguro che alla luce di tutto ciò che ci siamo detti fino a qui possa aver iniziato a prender forma nel vostro profondo un'altra paura più grande di quella iniziale…

*non la paura di cadere, ma la paura di non volare!*

Perché a volte la paura si cura proprio con la paura; una paura più grande è in grado di farci superare una paura

---

[36] Tratto dalla canzone "Mi fido di te" di Jovanotti 2005.

più piccola, tanto più quando quella paura più grande è anche l'altra faccia della medaglia del desiderio.

Vi ricordate quando parlando di *resa* vi raccontavo che avevo detto ad una persona per me molto importante: "vado, adesso posso anche morire" e del fatto che in realtà quella frase apparentemente mortifera fosse invece un vero e proprio inno alla vita perché in verità significava "vado, adesso posso anche vivere"?

Cos'era accaduto in me? Avevo vissuto un ribaltamento di prospettiva:

**Alla paura di morire era subentrata la paura di non vivere pienamente la mia vita.**

E a cascata, anche tanti altri ribaltamenti:

*Alla paura di partire era subentrata quella di non arrivare*
*Alla paura di decollare era subentrata quella di rimanere a terra*
*Alla paura di perdermi era subentrata quella di non esplorare*
*Alla paura di volare era subentrata la paura di non volare*
*Etc...*

**La mia paura di cadere si era trasformata in voglia di volare** ✈

Tutto questo ci dice almeno due cose:

1) Che la paura e l'ansia possono essere delle spinte evolutive che chiedono di esprimersi per dare forma a un'istanza di cambiamento che si trova bloccata.
Viste da questa prospettiva l'ansia e la paura diventano il simbolo di un'attualizzazione possibile, di qualcosa che chiede di passare dallo stato "in potenza" allo stato "in essere". Quindi, paradossalmente, *questi sintomi nascondono la nostra smisurata voglia di vivere* e di autorealizzarci.

*Ansia e Paura ci segnalano che c'è una parte di noi che spinge per venire fuori ed esprimersi.*

È come se quella parte di noi comunicasse in modo cifrato la sua voglia di vivere, di esistere, di avere spazio nella nostra vita per concorrere alla realizzazione di noi stessi come esseri umani. Mi rendo conto che tutto ciò possa risultare contro intuitivo, anche perché ansia e paura sono emozioni che spesso ci fanno come sentire schiacciati e oppressi dall'esterno e questa percezione ci fa poi di conseguenza chiudere come dei ricci intimoriti; per questo può essere difficile immaginarsi, al contrario, che la spinta arrivi non dal fuori verso il dentro ma dal dentro verso il fuori.
Quando riusciamo ad accorgerci di questo, allora può avvenire la trasformazione di cui sto parlando e con essa l'apertura alla possibilità del cambiamento, quel cambiamento che ci permette di divenire noi stessi.

Una famosa frase di Carl Rogers recita:

*"quel che sono è sufficiente se solo riesco ad esserlo"*

Ecco, riuscire ad essere noi stessi significa riuscire a dare spazio a tutte le nostre parti, anche a quelle che spingono per avere pieno diritto di cittadinanza dentro di noi e che per vari motivi, spesso per via di condizionamenti esterni, non ne hanno avuto ancora la possibilità.

Facciamo un esempio: se a un bambino viene continuamente inibita la curiosità e la voglia di esplorare il mondo con dei continui "Attento! Non fare questo! Non fare quello! Non andare lì, sennò ti fai male!", al bambino viene inibita la sua innata vitalità, la gioia di fare esperienze e l'entusiasmo di vivere appieno la sua età perché gli viene instillata la paura, il senso di sfiducia e il senso di insicurezza. Tutto questo verrà poi modulato dall'espressione dell'ansia. Ebbene, in questo caso, lo stato ansioso potrebbe essere letto come un sintomo che esprime una smisurata voglia di vivere, di essere creativo, di esprimersi e vivere pienamente.

2) Questo ci dice anche che ci sono paure che vanno superate con coraggio e che

*ogni volta che siamo coraggiosi abbiamo necessariamente anche paura.*

Io ad esempio non ho preso l'aereo nel momento in cui non avevo più paura di volare, ce l'avevo ancora, ma era gestibile e controbilanciata da quello in cui si era trasformata, cioè, da una paura (e da un desiderio) più grande che avevo contattato dentro di me che era in linea con l'espansione della mia vita, con l'allargamento dei miei orizzonti esistenziali: *la paura di non vivere pienamente* o, se preferite, la paura di non obbedire alla legge del mio desiderio o, se preferite, la paura di non volare e di rimanere a terra (anche simbolicamente).

A scanso di equivoci: ricordiamoci che *non può esistere coraggio senza paura*, altrimenti in cosa saremmo coraggiosi se non avessimo paura? Anzi, è proprio perché abbiamo paura e nonostante questo non demordiamo nel perseguire ciò che è importante per noi, ciò che rappresenta un valore e che attiene alla dimensione del nostro desiderio, che noi siamo coraggiosi.

Coraggioso e forte non è colui che non ha paura, ma colui che ha paura e nonostante ciò prosegue; in questo modo incarna la piena accettazione e integrazione di Sé, vulnerabilità compresa. Ed è paradossalmente proprio in conseguenza di ciò che diviene più forte e più vivo. Questo perché dando pieno diritto di cittadinanza ad ogni emozione (paura compresa) e ad ogni parte di sé (vulnerabilità compresa) diviene più pienamente sé stesso e quindi più completo.

E così scopriamo che ci sono paure che vanno ascoltate e assecondate e paure che vanno ascoltate e superate (che non significa per forza eliminate, ma gestite).

Mi rendo conto che quello che sto per dire possa risultare semplicistico, ma credo possa essere un primo approccio iniziare a metterle a fuoco e distinguerle…

Se nel chiederci perché abbiamo paura ci accorgiamo che quella paura è intrecciata col desiderio, ad esempio:
*"ho paura perché per me è importante vivere questa esperienza, perché rappresenta l'espressione di un mio valore autentico, di un desiderio che ho nel profondo del mio cuore"* allora, con molta probabilità, siamo di fronte ad una paura che va *ascoltata e superata*. Nel senso che è la paura che nasce dalla possibilità di non vivere qualcosa che davvero è importante per noi, è la paura che ci impedisce di vivere pienamente la nostra vita. Spesso, in questa situazione sentiamo che superare la paura e vivere quell'esperienza ha a che fare con *quello che vogliamo*.
Quindi, se le cose stanno così, meglio superare la paura e impegnarsi per vivere l'esperienza che si rivelerebbe con ogni probabilità essere significativa per noi, in quanto desiderata autenticamente.

Se invece ci accorgiamo che quella paura è intrecciata con i nostri aspetti egoico/narcisistici, ad esempio: *"ho paura perché per me è importante conquistare questa esperienza, perché rappresenta il raggiungimento di un obiettivo che mi farà sentire adeguato, un trofeo da ammirare e da mostrare"* allora, con molta probabilità, siamo di fronte ad una paura che va *ascoltata e assecondata* (non avrebbe senso sforzarsi per superarla). Nel senso che è la paura che nasce dalla sterile sfida che poniamo ai nostri limiti, quella paura non ci protegge dal vivere pienamente, ma dal delirio di onnipotenza! Spesso in questa situazione sentiamo che superare la paura e vivere quell'esperienza non ha tanto a che fare con quello che vogliamo ma con *quello che sentiamo che dovremmo fare per sentirci adeguati* ai nostri occhi o a quelli degli altri (o con quello che vuole il nostro ego, la nostra parte narcisistica).

Quindi, se le cose stanno così, meglio assecondare la paura e non sfidarla, perché quella paura non è la nostra, ma quella del nostro ego in cerca di compensazione; meglio evitare di spendere energie per un'esperienza che non si rivelerebbe essere autenticamente significativa per noi.

Riportando questo all'aereo, come accennavamo qualche capitolo più in dietro: se è il desiderio di esplorare il mondo che vi sembra stia chiamandovi, se è quindi il desiderio di vivere pienamente a spingervi e a investire nel superamento della paura, credo abbia senso impegnarvi per questo.

Se invece è l'ingaggiarvi in una sterile sfida nata principalmente per dimostrare qualcosa a voi stessi o agli altri, ho dei seri dubbi rispetto al fatto che possa avere senso impegnarsi in questo.

Come già vi dicevo, credo che questo valga un po' per tutto nella nostra vita: nel lavoro, nello studio, nell'amicizia, in amore, nel diventare genitori, etc... potremmo quindi dire che ogni cosa può essere più o meno sostenuta dal desiderio autentico o da un surrogato del desiderio che in realtà nasconde un bisogno di compensazione egoico/narcisistico che trae origine dalla (più o meno consapevole) sensazione di essere inadeguati.

Il puto è che a volte è piuttosto facile accorgersi di questi aspetti e distinguerli, altre volte meno; soprattutto quando in noi sono presenti entrambi, perché non è detto che uno escluda l'altro. Interrogarsi rispetto alle nostre paure e impegnarci in un lavoro di consapevolezza è qualcosa che può fare davvero la differenza a tal riguardo.

# Il ritorno

Vi ricordate quando vi parlavo della guida di viaggio? Del fatto che mi piaccia sbirciarla (anche se non troppo) in volo per pregustarmi l'arrivo in quei posti che avevo tanto desiderato? Ecco, devo dire che ormai è diventato un vero e proprio rituale prenderla prima di ogni viaggio sia per avere qualche dritta rispetto alla mia avventura che per non perdermi esperienze uniche e particolari che potrebbero sfuggirmi perché non contemplate dai soliti itinerari turistici. Ma c'è anche un altro motivo fondamentale che apparentemente potrebbe sembrare banale: per andare poi a riporla nella libreria di casa al ritorno. No, non sono un collezionista di guide, ma un *collezionista di ricordi*.

Ogni nuova guida rappresenta un ulteriore pezzo di vita che va ad aggiungersi a quelli precedenti e ad allargare così la libreria dei miei ricordi, delle mie esperienze desiderate, realizzate e poi custodite con cura. Alla fine è anche per questo o forse principalmente per questo che viaggiamo: per tornare a casa arricchiti, con i bagagli dell'anima pieni di ricordi da vivere e rivivere ancora.

*Cosa c'è di più bello nella nostra vita che vivere e continuare ad accumulare ricordi meravigliosi vissuti con le persone che amiamo?*

Sinceramente credo non ci sia nulla di più bello e i viaggi possono rappresentare dei veri e propri concentrati di tutto questo. Rappresentano ai miei occhi un bene inestimabile perché arricchente anche a livello esistenziale e spirituale, oltre che culturale. Non riesco a trovare nulla per cui valga più la pena spendere i nostri soldi.

Il rito della guida che al ritorno si aggiunge agli scaffali di casa rappresenta proprio questo arricchimento interno che si materializza simbolicamente nel mondo esterno e contribuisce ad arredare la mia casa rendendola ancora più mia, ancora più viva. Osservare le guide mi ricorda i viaggi e le avventure vissute, le difficoltà attraversate e superate per realizzarli, la possibilità stessa di viaggiare ancora e di continuare così ad allargare le prospettive, il mio far parte del mondo e il mio poter andare nel mondo con fiducia. Devo dire che soprattutto nelle giornate particolarmente difficili, la vista delle guide, pregna di tutti questi significati, fa un bell'effetto al mio umore e al mio spirito.

E così, la mia casa è punto di partenza che diventa punto d'arrivo, luogo di destinazione che si trasmuta in luogo di partenza, inizio che diviene fine e fine che diviene inizio. Ed io, e noi, con lei in questo vivo susseguirsi dove ogni arrivo è sempre anche una partenza e viceversa.

## La vita è un volo

*"…La mia anima è dipinta come le ali delle farfalle*
*Le fiabe del passato crescono ma non moriranno mai*
*Riesco a volare, amici miei*
*Lo spettacolo deve continuare…"* [37]

*La vita è un volo* e noi possiamo scegliere se correre il rischio di imbarcarci o se vivere "al sicuro" in aeroporto, magari guardando gli altri aerei decollare. Dobbiamo scegliere se fidarci di noi stessi e darci delle *chances* oppure no, scegliere se affidarci agli altri e metterci nelle loro mani o meno, scegliere se decollare con fiducia anche se

---

[37] Traduzione italiana dal testo del brano "The show must go on" dei Queen, 1991.

le condizioni meteo non sono ideali, anche se c'è un vento forte che con ogni probabilità ci farà incontrare delle turbolenze, oppure, rimandare il decollo fino a che il tempo non sarà perfetto (mai).

Rispetto a questo voglio ricordarvi che gli aerei decollano controvento, quindi sfruttano a loro favore un'energia che apparentemente potrebbe sembrarci come ostacolante il volo. Ricordiamoci quindi che non si decolla solo in assenza di difficoltà (o in assenza di paura, ansia, sofferenza, etc...) e che anche quando tutto sembra far presagire il peggio è sempre possibile oltrepassare quello strato di nuvole e raggiungere il cielo terso e la luce del sole. Questi *sono sempre lì e lo sono sempre stati*, ma non sono raggiungibili se non ci concediamo la possibilità di *andare oltre* per la paura di cadere.

Sperando che anche questo libro e la mia esperienza possano esservi in qualche modo d'aiuto, vi auguro che la vostra voglia di volare (qualunque cosa significhi) possa superare la paura di cadere; perché sarà allora che riuscirete a concedervi di correre il rischio di vivere pienamente e di essere vivi per davvero, nel bene e nel male.

# Postfazione

Ho voluto pubblicare questo libro per diversi motivi, tra cui: l'intento di celebrare quel fatidico giorno che fu l'11 settembre 2001; per celebrare questo 11 settembre 2021(anche in occasione della ricorrenza del ventennale, ma non solo); e per celebrare anche tutto quello che è accaduto nel mezzo di questi 20 anni, per celebrare tutta la vita che li ha attraversati come un fiume in piena, tra luci tra ombre, tra acque calme e limpide, come anche torbide e burrascose.

Tutto questo, come emblema della possibilità che abbiamo sempre di partire o di ripartire, di sovvertire l'ordine delle cose, e di trasformare così un simbolo di distruzione, assenza di senso e morte, nel suo opposto, ovvero: in un simbolo di ripartenza, speranza, fiducia e vita.

...

38

Tanti di noi hanno già vissuto o vivranno il proprio personale *"11 settembre"* nella loro vita, e magari ciò potrà accadere in un certo senso anche più volte; perché capita a tutti di cadere, di crollare, di vivere esperienze che ci sconvolgono e sembrano lasciarci solo le macerie di un qualcosa che è stato e che ora non è più…queste evenienze sono parte del nostro essere vivi, del nostro essere al mondo.

Ma forse è proprio lì, al centro di quella caduta rovinosa, buia, tragica e drammatica, che è possibile scorgere e cogliere l'insita e filtrante luce della possibilità della rinascita stessa; perché paradossalmente è proprio dove

---

38 Illustrazione a cura dell'artista Gabriele Bonelli
https://www.instagram.com/gabriele.bonelli.art/

ci spezziamo che abbiamo la possibilità crescere e di diventare più forti. E no, non sono solo belle parole retoriche queste; sono parole che escono dal profondo, che nascono dalla mia esperienza concreta, dal fatto di essermi trovato ad essere personalmente testimone di questa possibilità più e più volte; sia nella mia vita che in quella delle tante persone che ho avuto la fortuna di incontrare sulla mia strada.

Nel corso del libro dicevo che l'11 settembre ha segnato in me un solco che ha delineato inesorabilmente un "prima" e un "dopo". Ora, ciò che più di ogni altra cosa mi preme sottolineare e celebrare qui è il fatto che il "dopo" non si sia tradotto una condizione statica, un disegno completo, definitivo, immobile, come rinchiuso nella cornice rigida di un quadro (nonostante lo sia effettivamente stato per un primo periodo di tempo) ma, al contrario, si sia rivelato essere, *nonostante tutto,* alla stregua di un panorama ampio, capace di aprire, allargare, andare oltre, uscire dalla cornice che lo imprigionava, dischiudendo così l'inaspettato mondo della vita e delle possibilità.

Con questo libro ho voluto e voglio celebrare il
"*Nonostante Tutto*".

# Ringraziamenti

Ringrazio Cristina che mi ha ascoltato ed è stata con me nell'esplorare ciò che mi lasciava a terra, dando speranza e consistenza alla possibilità che il volo fosse possibile. Ringrazio Giulio che mi ha passato il messaggio che posso fidarmi di me stesso nell'andare nel mondo e che è sempre possibile andare oltre, allargare il panorama. Grazie a Maddalena che mi ha fatto comprendere che non sempre servono ali così grandi e anzi, possono talvolta rivelarsi anche svantaggiose. Grazie a Massimo che mi ha fatto accorgere che a volte non ha senso partire, ma fermarsi.

Ringrazio Diana e Mando che con i loro ricordini (anche trash come la t-shirt della birra indiana) portati dai loro viaggi hanno contribuito a riaccendere in me la voglia di viaggiare. Grazie alla zia Raffa che ogni volta che parlava dei suoi innumerevoli viaggi si sentiva quanto l'avessero arricchita di un valore inestimabile e quanto avessero contribuito a fare di lei ciò che era. Ringrazio le circostanze della mia vita per avermi dato la possibilità di stare, ma anche di viaggiare e venire contagiato fin da piccolo dalla fascinazione del volo; è stato l'equivalente del piantare un seme. Grazie a Manuel che ha condiviso con me la realizzazione del sogno e in qualche modo anche la genesi dell'incubo. Grazie ad Adrian per il suo prezioso sguardo su questo testo e soprattutto per i tantissimi voli musicali intrapresi insieme, fatti da tutti i brani che abbiamo registrato in questi 19 anni di composizione.

Grazie a Ricky, piccolo artista in erba che mi ha dato l'idea di disegnare io stesso la copertina e gli altri schizzi presenti in questo libro (pur non sapendolo fare) e, a proposito di questo, grazie a Gabry per il suo prezioso contributo artistico (e non solo!). Ringrazio Elena, la direttrice della mia scuola di specializzazione in psicoterapia, per quello che mi ha detto quando mi ha consegnato il diploma. Ringrazio il mio gruppo di specializzazione che, guarda caso, si chiamava "prove di volo"! A proposito di prove di volo: grazie anche a tutte le persone che ho incontrato e incontro in studio, oppure online, che hanno scelto di imbarcarsi in un percorso terapeutico dandomi il privilegio di salire a bordo come copilota, facilitatore e testimone del loro processo interiore; ogni terapia è in un certo senso come un volo e anche ogni singola seduta lo è.

Ringrazio Domenico che mi ha insegnato che è possibile trovare il proprio posto e "fare la cuccia" quasi ovunque, come fa lui. E in ultimo, ma come si dice, "non per importanza", ringrazio Claudia, me stesso e in particolare la nostra relazione: capace di farmi  accorgere con sorpresa che a dispetto di ogni premessa tutto (o quasi) è possibile.

## Mini bibliografia

Frankl V.E., (1973) Man's search for meaning, New York, Simon and Schuster, (trad. it. L'uomo alla ricerca di un significato, Mursia, Milano, 1975).

Rogers C.R., (1961), On becoming a person, Houghton Mifflin Company, Boston, (trad. it. La terapia centrata sul cliente, Martinelli, Firenze, 1970).

Winnicott, D. (1975) Il bambino e la famiglia, trad. Fulvia Kanizsa, Firenze: Giunti e Barbera